Georg M.F. von la Roche

Briefe über das Mönchswesen

Von einem catholischen Pfarrer an einen Freund

Georg M.F. von la Roche

Briefe über das Mönchswesen
Von einem catholischen Pfarrer an einen Freund

ISBN/EAN: 9783743622876

Hergestellt in Europa, USA, Kanada, Australien, Japan

Cover: Foto ©Lupo / pixelio.de

Weitere Bücher finden Sie auf **www.hansebooks.com**

Briefe
über das
Mönchswesen
von einem catholischen Pfarrer
an
einen Freund.

Neue vierte mit Anmerkungen
vermehrte Ausgabe.

Frankfurt und Leipzig
1780.

Vorrede.

Diese Briefe über das Mönchswesen haben sowohl ihrer Gründlichkeit als der guten Laune, in der sie geschrieben sind, den Beyfall zu verdanken, den sie bey der gelehrten Welt erhalten haben. Unter allen Büchern, die in unsern Tagen in dieser Materie her=

Vorrede.

herausgekommen, habe ich keines gefunden, in welchem die Wahrheit mit so vielem Geschmack vorgetragen wäre, als in diesen Briefen. Wie liebenswürdig ist der Karakter des redlichen Gutmanns geschildert? Wie männlich und körnicht ist seine Sprache, wenn er von dem wahren Christenthume von Tugend und Andacht spricht? Er gewinnt keine Abläſſe, er beichtet nicht über alle acht Tage: aber er thut dem Nächsten Guts, und ernähret den Armen. Welch einen Kontrast macht er mit dem eigenlie=
bi=

Vorrede.

bigen Dechant, und den zween geldbegierigen Terminanten? Der Schulmeister, wer muß nicht die Einfalt des guten Mannes lieben? So niedrig und alltägig sein Vortrag ist, so richtig sind seine Gedanken, und desto richtiger, weil sie natürlich, und durch keine theologische Alfanzereyen verwirret sind. Der Nuzen, den diese Briefe in dem Reiche der Vernunft verschaffen können, wenn sie bekannter und allgemeiner werden, hat mich auf den Entschluß gebracht, diese zweyte verbesserte Auflage zu veranstalten, besonders da

Vorrede.

da von der erſten Auflage kein Exemplar mehr zu haben iſt. Ich habe auch hier und dort einige Anmerkungen eingeſtreuet: und was der Herr Pfarrer oben in ſeinem Briefe ſagt, unten durch probmäßige Hiſtörchen erläutert. Wer ſie lieѕt, wird durch ſeine eigne Erfahrung noch mehrere hinzudenken können.

Der Herausgeber.

Erſter Brief.

Den 8ten April 1770.

Gott ſey Dank, daß einmal das Jubiläum vorbey iſt, und ich meinem l. Herrn Bruder, nach einem halbjährigen Vorzug, ein vertrautes Wort zu ſchreiben die Zeit finde. Vergebe, daß ich dir noch nichts von meinem Hierſeyn gemeldet habe. Ich bin ſeit meinem Aufzug mehrentheils in vergnügten Zerſtreuungen geweſen, und nun — habe ich in dieſen 14. allgemeinen Gnadentagen, Gott vergebe mir meine ſchwere Sünde! mehr als tauſendmal meinen geiſtlichen Stand — meine Pfarrey — und meine Unwiſſenheit verwünſcht. Wenn nicht der Pfarrer zu M**, mein Nachbar und Beichtvater, mir Muth zugeſprochen hätte, ſo wäre ich gewiß entweder erkranket, oder davon gelaufen. Du kannſt dich unmöglich in die Beſchaffenheit meines Gemüths und meiner Verlegenheit ſetzen, wenn ich dir nicht die Sache von Grund aus

Erster Brief.

aus erzähle. Deine Begierde von meinen Umständen das eigentliche zu wissen, habe ich bisher weder befriedigen wollen nach können. Izo ist es mir aber ein wahrer Trost, dir, als einem geliebten und vertrauten Schulcameraden mein Herz zu eröfnen. Ich verspreche dir alles, was dich schon lange neugierig gemacht hat, zu offenbaren. Aber ich muß von vornen anfangen. Und daher bitte ich dich um Geduld und Aufmerksamkeit; und dann fahre ich fort:

Du weist, daß unser gnädiger Herr Baron, in Ansicht meines sel. Vaters, seines lang gewesenen Cammerdieners und nachherigen Verwalters, und weil er meine l. Mutter geheyrathet, gleich bey der Hochzeit versprochen, daß er für das erste Kind sorgen wolle. Er mag nun freylich nicht gedacht haben, der gute Herr, daß diese Heyrath Kinder hervorbringen würde, weil mein Vater sehr alt, und meine Mutter ziemlich jung gewesen. Doch hat es der l. Gott so geschikt, daß ich vor meiner Geburt meinen l. Vater verloren, und meine Mutter, die, wie du weist, eine Französin ist, ohne einen Verwandten oder Freund im Land zu haben, mit mir niedergekommen. Wenn da der gnädige Herr nicht gesorgt hätte, so würden wir verhungert und

hülf-

Erster Brief.

hülflos verschmachtet seyn; besonders weil die gnädige Frau, die doch im ersten Jahre, da meine Mamma zu ihren Töchtern als Mamsell gekommen, sie gerne hatte, nachher aber auf einmal aus einem mir unbekannten aber gewiß unchristlichen Haß unabweichlich darauf andrunge, daß meine Mutter, mit dem Kind, gleich nach den Wochen aus dem Dorf fortgewiesen werden sollte: Eine Zeit her habe ich schon mehrmalen gedacht, es wäre mir, und vielleicht auch meinen Pfarrkindern besser gewesen, wenn die gnädige Frau Recht behalten hätte. Aber der gnädige Herr zankte, und lermte und fluchte damals wie ein Türk dagegen; er sagte: Er müsse als Landesherr ein Beschützer der Wittwen und Waisen seyn. Er schickte meiner Mutter Geld, ließ ihr durch die Schulmeisterin Hühner und Brühen kochen, und, Gott vergelte es ihm, er half uns mit recht gütthätiger Mildigkeit gegen Jedermann durch. Als 2 Jahr nachher die gnädige alte Frau, nach einem Zorn über ihre Köchin, aus gerechtem Verhängnis des Himmels an zurückgetrettenen Gichtern erstikte, so weißt du, daß der rechtschäffene, der liebe gnädige Herr meine Mutter und mich wieder in sein Haus genommen hat, und ich daselbst aufgewachsen bin. Meine l. Mama hat ihn, wenn er

freund-

freundlich war, immer erinnert, er solle sein Versprechen an mir erfüllen. Da war es nun die Frage — Wie? Weilen ich viel um den Kutscher, einen alten ehrlichen Mann gewesen, so gewöhnete ich mich leicht in den Stall, und hätte auch gerne Kutscher werden mögen. Allein der Bediente, welcher ein Schneider war, wollte mich überreden, ich sollte sein Handwerck lernen. Er sagte, weil ich lesen und schreiben könnte, und weil meine l. Mutter mich die französische Sprache in der Kindheit gelernet, so könnte ich nach den Lehrjahren auf der Wanderschaft nach Metz zu meinen mütterlichen Verwandten, und dann gar nach Paris kommen. Und wann ich von dort wieder mit neuen Moden und einem hübschen Kleidgen nach Deutschland zurükkäme, wo die französische Schneider höher als mancher Gelehrter gesucht, angesehen und belohnet würden, so könnte ich gar in einer Stadt Meister und dann vielleicht Hofschneider werden; darauf eines reichen Mannes Tochter heyrathen, und meine Kinder wie Herren erziehen. Unser Kutscher, dem ich den Gedanken anvertraut, war auch wohl damit zufrieden. Ich ließ also meine Begierde zum Stall fahren, und eröfnete meiner l. Mutter, was mir der Schneider gerathen hatte. Allein, sie wollte durchaus

Erster Brief.

aus nichts davon hören, und sagte: Sie sey aus adelichem französischem Geblüt; eine Officiers Tochter, die nur auf einige Jahre nach Deutschland gekommen, um etwas Geld zu erwerben: Daß sie nur einen schlechten deutschen Verwalter geheyrathet, seye genug Unglück. Und da ich die Ehre hätte, von ihrer Seite aus adelichen Lenden entsprossen zu seyn, so müsse ich auch ihrem Blut keine Schande machen; der gnädige Herr habe ihr erst gestern Abends beym Ausziehen versprochen, er wolle mich bey den P. P. Jesuiten zu D***, Namens seiner Dorfgemeine, studieren lassen; dann soll ich geistlich und hier im Ort dereinst Pfarrer werden: Das seye so ein Dienstgen für mich zu Belohnung ihrer treuen Dienste, und Versorgung ihrer alten Tage. Ich dachte, in Gottes Namen, weil ich meiner Mutter nicht widersprechen durfte, und glaubte, Handwerk für Handwerk, könnte ich, alles zusammen genommen, eben so gut das Studiren als Schneider werden lernen. In D*** wurde ich mit dir, lieber Bruder, zu Tisch, Schule und Bett im Convict bekannt. Ich erinnere mich wohl, daß du mir oft von Studiren abgerathen, weil mein Kopf nicht dazu beschaffen, und das Lateinische mir schwer eingegangen ist. Meine Neigungen, die Beweggründe und die Ursachen ge-

trau-

traute ich mich dir nicht zu sagen, da meine liebe Mama mir gar sehr verbotten, weder ihren Stand noch das Vorhaben des gnädigen Herrn zu verrathen. Mit Mühe, Bussen und Schlägen bin ich durch die Schule gekommen. Und weil mir der gnädige Herr, als ich Philosophus wurde, einen Degen, ein Kleid und 5 fl. schikte, zugleich aber dem P. Rector bekannt machte, daß ich im geistlichen Stand nur so viel studiren sollte als zu einer Pfarrey nöthig wäre, so wurde mir alles leicht gemacht. Fromm bin ich, wie es dir bekannt ist, allemal gewesen: Und da ich den Canisium so gut wußte, daß ich einst daraus Secundus certans worden bin, so sagte mir der P. Präfect: Ich würde mit ein Bischen Casus und den Busenbaum recht brav zur Seelsorge taugen. Gottlob! Das ist mir auch so gut gerathen, daß ich auf des gnädigen Herrn Recommendationschreiben, worinn er zugleich mir die Pfarre zu geben versichert, bey dem Examen fast ohne Anstand durchgewischt. — Und ein geistlicher Rath versicherte, daß, weil ich ohnehin auf ein Dorf käme, wo es nur auf Bauernseelen ankömmt, so wünsche er mir und meinen Pfarrkindern Glük: Mit der Verwarnung, ich solle nur vorzüglich darauf sehen, daß mir von den Pfarrgütern, Zehenden und Oblationen

tionen nichts abgezwakt, dem Pabst und geistlichen Rath nichts zuwider geredet werde, und ich selbst keine gar zu junge Hauserin nehme. — Uebrigens solle ich fromm seyn: Und wer zu meiner Gelehrtheit kein Vertrauen habe, könne sich ja aus der nahen Stadt einen Capuciner holen lassen.

Verzeihe, daß ich hier abbreche. Ich werde zu einem Kranken gerufen. Wann der Both wieder hier durchgehet, soll er einen zweyten Brief finden. Bete für mich — Ich bin ꝛc.

Zweyter Brief.

Den 5ten April.

Der Kranke, welcher mich meinen lezten Brief abzubrechen genöthiget, war meine liebe Mutter im Schloß. Sie hatte das Unglück von einer kleinen Leiter, als sie Wäsche in den Schrank legen wollte zu fallen, und bey einer Ohnmacht, die sie anwandelte, liefen die Mägde nach dem Pfarrer,

Zweyter Brief.

ter, und schrien unten in meinem Hause: Ich sollte gleich in das Schloß kommen. Ich traf zu meinem grossem Herzeleid sie am Kopf ziemlich verlezt an. Doch scheint es sich zu bessern. Gott erhalte sie mir, und lasse mich das Unglück nicht erleben, sie, meinen einzigen Trost, zu verlieren!

Indessen mein dir gegebenes Versprechen nach und nach in Zwischenstunden zu erfüllen, so wisse, daß mein Vorfahrer auf der Pfarre, voriges Jahr, Anfangs Septembers an der Wassersucht gestorben, und ich, nachdem ich auf Allerheiligen meine erste heil. Messe gelesen, an Martini als Pfarrer eingesezt worden bin. Der gnädige Herr hat alle Kosten und Auslagen samt der Gastung bestritten, und die Bauern haben sich zur Einrichtung meines kleinen Hauswesens recht wohlthätig eingestellt, eigene Küche mag ich noch nicht haben. Die Schulmeisterin schickt mir mein weniges Essen ins Haus. Meine Mutter aber hat mir versprochen, wenn die große Fräulein auf den Sommer heyrathet, und dann der gnädige Herr mit der zweyten in die Stadt ziehet, so wolle sie um ihre Entlassung aus Schloß-Diensten bitten, und bey mir ihr Leben in Ruh schliessen. Gott lasse ihren und meinen Wunsch

Zweyter Brief.

darunter zur Erfüllung kommen. Noch will zwar der gnädige Herr nichts davon hören, weil nicht iedermann mit ihm zurecht kommen kann, und er nicht gerne fremde Leute annimmt. Aber vielleicht giebt das Jubiläum und meiner Mutter dermalige Krankheit den Anlaß, dß er von seinem Fluchen und stürmischen Betragen gegen andere Dienstboten abläßet; und dann kann er sich eher an eine neue Beschliesserinn gewöhnen.

Bey meinem Aufzug ließ ich meine erste Sorge seyn, mir die Liebe und das Vertrauen meiner Pfarrkinder zu erwerben. Ich bin aus dem Ort, ich kenne alle, ich weiß ihre Umstände, ihre Noth, und die kleine Feindseligkeiten, die zwischen den zerschiedenen Haushaltungen sind. Meinen Vater hatten sie lieb, weilen er dem gnädigen Herrn manchmal Vorstellungen that, wann er allzustreng bey Mißwachs oder Wetterschlägen auf die Ablieferung der Schuldigkeiten dringen wollte. Damit hat er oft denen armen Leuten gutwillige Erleichterung ausgebracht. Denn der gnädige Herr ist im Grund nicht böse; nur den Jäger muß man gewähren lassen, keine Hasenschlingen legen, und ihm seinen Respekt bezeigen. Der jezige Verwalter ist ein Studierter,

der,

der, nachdem er die Theologie ganz absolvirt hatte, als Preceptor bey den Söhnen von unsers gnädigen Herrn Schwager die Kammerjungfer geheyrathet, und sein Verlangen geistlich zu werden gegen den hiesigen Dienst aufgegeben hat. Dieser nun, um sich desto angenehmer zu machen, ist um so unbarmherziger gegen die armen Unterthanen. Und eben deßwegen hat die Vergleichung mit meines Vaters guter Gemüthsart mir nach seinem schon langen Absterben noch die Liebe der Leute erhalten. Da ich also mich bemühet, zwischen verschiedenen Familien Friede zu stiften, und alte Uneinigkeiten beyzutragen, segnete Gott meine Worte, und ich habe in diesem halben Jahre schon das Glück gehabt, 5. vor Amt gehangene Processe, zwar zu grossem Mißvergnügen des Amtmanns, durch freundliches Zureden beyzulegen; ein paar zerstörte Ehen wieder zu vereinigen, auch (es sey ohne eiteln Ruhm gesagt) armen Nothleidenden Allmosen, Hülf oder Nachsicht zu verschaffen, weil der gnädige Herr mich gerne um sich hat; und was ich endlich nicht richten kann, stecke ich hinter meine Mutter, die bey dem Herrn, wenn sie den ersten rauhen Eifer vertoben läßt, viel ausbringen kann.

Nur

Zweyter Brief.

Nur eine Sache hat mir sehr weh gethan. Der Herr Bruder wird sich aus meinem ersten Brief erinnern, daß mir der geistliche Rath nach dem Examen eingebunden, mir von den Pfarr=Nuzungen ja nichts abzwaken zu lassen. Aber noch vor meinem Aufzug sagte mir der gnädige Herr: Weil er auf meine Erziehung und Stu=dieren, wer weiß wie viel, Geld verwendet; über dieses er 2 Mißjahre gehabt hätte; die Bauern wegen Wildschaden von ihm Vergütung verlangten, oder die Gülten nicht ganz abliefern wollten; und er auf den Sommer die älteste Tochter aussteu=ren, die jüngere aber zu den Englischen Fräu=lein zum Studieren thun müsse; so soll ich ihm auf sein Lebenlang den grossen und kleinen Zehen=den vom Schloßgut dahinten lassen: Nach seinem Tod soll ich dann wiederum den ganzen Genuß haben: Er habe keinen Sohn; und ob seine Tochtermänner reich oder arm wären, daran lie=ge ihm nichts: Ein Edelmann müsse nur die Er=haltung seines Namens, und nicht seiner Kinder, lieb haben. Was wollte ich machen? Ich dach=te, er hat mir die Pfarrey gegeben; viel Ausga=ben hat er; der Wein ist theuer; der Zuspruch groß; meine Mutter geniesset Kost und Lohn; ich selbst esse dann und wann im Schloß, wenn

kei=

keine Fremde oder Mendicanten da sind. Mein Beichtvater gab mir den Rath, ich solle den Hergang nur fein deutlich in das Pfarrbuch eintragen, und in Gottes Namen mich zufrieden geben. Doch fehlet mir dadurch jährlich gegen 100 fl. und ich muß mich in genaue Ausgaben einschränken, wenn ich ehrbar durchkommen will. Was mich vorzüglich dabey schmerzet, ist dieses: Daß ich keine Bücher ankaufen, und nur etwa bey Versteigerungen eines oder das andere der Wohlfeile nach erhaschen kann. Bey meines Vorfahrers Tod hat der Dechant die beste, anstatt des ihm gebührenden Breviers weggenommen; und die andern, sagt er, wären, Gott stehe uns bey, offenbar von Kezern geschrieben, da sie in Frankfurt oder Leipzig, wo der Luther gewohnet, gedrukt seyen; mithin lauter Gift unter der Gestalt der Vernunft enthielten. Was also von diesen der Dechant nicht verbrannte, hat der Amtmann zu sich genommen, und, wie billig, confiscirt. Ich will von dem guten Mann, meinem Vorfahrer, nichts übels unter der Erde sagen; aber das ist doch erschröklich, daß er sich durch den schönen Druck so verblenden lassen, kezerische Sachen zu lesen. — Unter uns gesagt, es ist doch wahr, daß er in dem Haus geistet. —

Ich

Zweyter Brief.

Ich habe ihm mein Jubiläum geopfert; nun hoffe ich er werde Ruhe haben. Indessen habe ich das Glück gehabt, verschiedene Werke im Anfang des Jahrs von dem P. Abraham von St. Clara wohlfeil zu kaufen. Diese thun mir im Predigen viel gutes. Der gnädige Herr und die Bauern lachen sich fast in Stücken, wenn ich so Spaß vorbringe. Meine Fasten=Exempel habe ich alle daraus gezogen; und wirklich lerne ich ein Ostermährlein auswendig, das mir grosse Reputation geben muß. Es ist noch ein Geistlicher in M**, P. S*l*r Namens, der soll noch viel späßiger Zeug in Predigten geschrieben haben, und bald wie Gott Vater, bald wie Engel, dann wie ein Moscoviter, oder ein Jud, alles auf Hannswurstisch, doch hochdeutsch, ausgehen lassen. Wenn der Herr Bruder von dieses Mannes Sachen mir gelegenheitlich etwas verschaffen könnte, so würde mir ein grosser Dienst geschehen. Noch einen glüklichen Fund zu meiner Büchersammlung habe ich in der Fastnacht gethan. Ein schwabminchingischer Strumpfhändler hausirte im Dorf. Er bot mir gestrikte Kappen zum Verkauf an. Ich sahe, daß ein jedes halb buzend Strümpfe in ein paar gedrukte Bogen eingewikelt gewesen. Aus Neugierde las ich

14 **Zweyter Brief.**

ich einige Zeilen; und siehe es waren Controverspredigten des berühmten gottseligen P. N * * *. Ich kaufte mir eine Kappe, dunge mir das gedrukte Papier in den Kauf, und gab dem Mann ein anderes. Nun habe ich dadurch 4 ganze Controverspredigten bekommen; das Schimpfen und Schmähen ist alles ganz; nur an den Proben fehlt ein halber Bogen. Gleich nach Ostern will ich eine auswendig lernen: Wenn schon meine Bauern nichts davon verstehen, so müssen sie doch erkennen, daß ich mir Mühe gebe, und nicht allemal von Unzucht oder Zehenden=Betrug predigen mag.

Ich kann den l. Herrn Bruder versichern, daß nur ein einziger Mann im Dorf ist, der mir nicht in die Predigt kommt; und dieser ist seit 3 Wochen die alleinige Ursache meines herznagenden Kummers und Unmuths. Er ist ein kränklicher, ältlicher Herr, der Hofmeister von unsers gnädigen Herrn verstorbenen Sohn war. Er wohnt im obern Stock beym Amtmann, lebt sparsam, hört nur Sonn= und Feyertag Meß, und vertreibt seine Zeit meistens mit lesen und schreiben. Der P. Guardian von E * * sagte mir vor 4 Wochen zum erstenmal von diesem Herrn viel übels, und nennete ihn einen Freygeist, der sogar über

den

Zweyter Brief.

den Portiunculä-Ablaß öffentlich spottete: Er muthmaße sicher: der Mann müsse ein Freymaurer seyn; mit dem Beysaz: Dieses wären gefährliche Leute, die mit dem bösen Feind — Gott stehe uns bey — in heimlicher Gemeinschaft lebten, und die Geistliche nur Pfaffen, die Franciscaner aber Bettelmönche hiessen. Da nun dieser Herr mein Pfarrkind sey, sagte der P. Guardian, und schwerlich das Jubiläum zu gewinnen Lust haben werde, doch Gott von mir dereinst über alle Seelen meiner Pfarrey, ausschließlich unserer 14 Juden Haushaltungen, Rechenschaft fordern würde, so sey es meine Schuldigkeit, ihn als Seelsorger entweder zu bekehren, oder doch, wenn er meinen Ermahnungen kein Gehör geben wolle, ihm die Hölle recht heiß zu machen, und die ewige Verdammus kek anzukündigen.

Der Schulmeister klopft mir zu einer Kindstaufe. Schier wäre ich auf die Frau ungeduldig worden, daß sie just heute in die Wochen kommen mußte, wo es mir mehr um Schreiben als um Taufen zu thun ist. Doch Schuldigkeit geht vor Freude. Ueber acht Tag mehrers. Lebe wohl.

Drit-

Dritter Brief.

Den toten April 1770.

Liebster Herr Bruder! Die Versicherung deiner Freundschaft, und das alte redliche Gutmeynen, welches ich aus deinem Brief lese, hat mich ganz aufgerichtet Ja, ich habe Vertrauen auf deine Erfahrung, und glaube, daß du mir eben so gut Rath geben als jezo Muth einsprechen kannst. Ich eile mithin dir vollends meinen Kummer zu entdecken. Und heute will ich mich durch nichts stören lassen. Es giebt nichts in der Kirche zu thun; die Bauern sind mit dem gnädigen Herrn auf dem Schnepfentreiben; es ist nichts zu taufen, noch zu begraben; und mit meinem Brevier bin ich fertig. Ich habe mich eingeschlossen; und wenn der alte Pfarrer nicht auf der Bühne rumpelt, so soll mich nichts hindern, die Wunderdinge zu schreiben.

Ich muß dir zum voraus gestehen, daß, ehe der P. Guardian mir von dem alten Hofmeister, Hrn. Gutmann, so heißt er, so viel Uebels gesagt, und mir das Gewissen geschärfet, ich recht viel auf ihm gehalten habe. Der Herr ist alt und kränklich, dachte

Dritter Brief.

dachte ich: er kann die feuchte Kirche nicht vertragen; er fürchtet sich für Husten und Flüssen, deßwegen komt er nicht täglich in die Meß. In Processionen kann er auch nicht mitgehen, weil er schon oft das Zipperlein gehabt. Wer weiß, ob er nicht in seinem Zimmer desto fleißiger betet. Weil ich nur erst ein halb Jahr hier bin, und er mir nicht gebeichtet, so dachte ich, er glaube mich noch zu jung, und beichte, wenn er dann und wann in die Stadt fährt. Ich höre ohnehin die Herren nicht gerne Beichte. Man weiß nicht, was man ihnen sagen soll. Sie haben oft Sünden, die ich noch nicht verstehe, und dann weiß man auch nicht, wie man sich mit den Bußen zu richten hat. Es gebühret sich, daß man ein wenig höflich ist. Wann ich einen Bauer in der Beichteur habe, so richte ich mich nach den Sünden, die er mir sagt. Flucht und schwört er gerne, so tobe ich mit ihm wie ein lebendiger Teufel. Ist er einer guten Gemüthsart, so bin ich, wie ein Lam. Und damit komme ich recht gut aus. Bey Knechten und Mägden muß man viel Tanzen, Wirthshaus, und vom sechsten Gebot verschlucken können. — *Transeat* Herr Bruder, sie sind Menschen, die an der Erbsünde mit Theil haben. — Bey den Weibern komt es meist auf Ehrabschneidungen, Hoffartsneid und Männerbe-

Dritter Brief.

betrug an. Das alles ist in einem Dorf *parvitas materiæ*. Aber, im Vertrauen, du solltest unsern gnädigen Herrn, oder den Amtmann, oder Verwalter, wie ich im Jubiläum, Beicht hören. Da wußte ich wahrhaftig nicht, wie ich mit Ehren von ihnen kommen sollte. Das sind Sünden wie Heustök. Fünfzehn habe ich aufgeschrieben, die ich nicht im Bussenbaum finde. Doch weil ich in diesem Fall auch die *casus reservatos* absolvieren konnte, und ich gleich gemerkt, daß keiner von ihnen weder die ewige Keuschheit, noch den Eintritt in einen geistlichen Orden verlobt hatte, so bin ich in Gottes Namen darüber weggehüpft. Der gnädige Herr war brav; er sagte: „Machts kurz, „Herr Pfarrer; ich möchte mich gerne bessern, a= „ber ich bin zu alt; doch nehme ich mir es vor. Kei= „ne lange Buß; sie wird sonst schlecht verrichtet — „und ein Cavalier kann nicht beten wie seine „Bauern „ Dem Amtmann wollte ich von Ungerechtigkeit und dem Verwalter (ich will aber keinen von beyden nennen) von Restitutionen reden. Da solltest du gehört haben, wie sie sich gewehret. Besonders der leztere, der als *Quarti anni Theologus* mehr Distinctionen über jede Sünde wußte als Buchstaben im Psalm *Miserere* sind.

Ich

Dritter Brief.

Ich weiß nicht wie ich von meinem Hauptobject durch das einfältige Beichtgeschwäz abgekommen. Wenn das Herz voll ist, so gehet der Mund über. Ich sagte dir oben, daß ich auf dem alten Hrn. Hofmeister Gutmann recht viel gehalten, und das ist wahr. Er wohnet nun 5 Jahre hier, und in dieser ganzen Zeit hat er nicht ein Kind beleidiget. Wann ein Bauer ein gescheides Memorial verlangt, so macht er es ihm; aber allemal umsonst. Wer ungerechte Händel anfangen will und ihn frägt, dem rathet er ab, und schreibt keinen Buchstaben. Ist ein Gemeindsmann in Nöthen, so findet er 5. 10. bis 15. fl. bey ihm ohne Zins. Ob er schon nicht reich ist, so giebt er mehr zur Armencasse, als der Amtmann. Mir hat er schon gar oft sagen lassen, wann ich kranke im Dorf hätte, die sich kein Fleisch oder Brühe verschaffen können, so sollte ich sie an ihn weisen; und wenn ich es thue, so giebt er augenbliklich Geld und auch kleine Hausmittel. Er kauft alle Jahre ein Haufen Strümpfe, Kappen, Handschuh, und so Zeug, das er in der Schule den Kindern, die am besten lernen, austheilen läßt. Den Bauern läßt er um sein eigen Geld allerley Saamen kommen, um unsern Akerbau zu verbessern, und schwazt ihnen freundlich vom Säen und Erdbau, wie ein ausgelernter Calendermacher.

macher. Er ist also überhaupt der rechtschaffenste Herr. Nur zwey einzige mal habe ich Gelegenheit gefunden, in Zeit meines Hierseyns, an seinem Christenthum zu zweifeln. Das erste war, daß er einer armen auf den Tod gelegenen Judenfrau Geld und Medicin geschikt; und das zweyte, so mich noch mehr Wunder genommen, ist, daß er vor 14 Tagen, mithin gerade bey dem Anfang des Jubiläums, wo sich doch jedermann als ein wahres Glied der catholischen Kirche bezeigen sollte, einem im Wirthshause über Nacht gefährlich erkraukten calvinischen Handwerksbursch, weil sich, wie billig, niemand des Menschen annehmen wollte, und er kein Geld hatte, den Doctor aus der Stadt holen ließ, auch für ihn alles bezahlte. Da dachte ich, hinter diesen Mann muß nicht viel Religion stecken. Aber so arg habe ich es mir freylich nicht eingebildet, als ich es leider nun finde.

Alles, was mir der P. Guardian gesagt hatte, und mein eigenes Denken zusammen genommen, fand ich mich endlich im Gewissen verbunden, dem Herrn Gutmann einen Besuch abzulegen, und mein Pfarramt dahin auszuüben, daß ich ihn entweder mit Güte zu einem wahren Kind der Kirche machen und zu Gewinnung des Jubiläums

zwin=

Dritter Brief.

zwingen, oder doch Gewißheit haben möchte, was und wie er denkt, damit ich es unserm Herrn Dechant anzeigen kann.

Es hat mich viele Ueberwindung gekostet; denn es war das erstemal, daß ich ihn in seinem Hause und zwar von Angesicht zu Angesicht sprechen sollte. Mehrere Bedenklichkeiten hatten mich bisdaher von ihm entfernet gehalten. Erstlich weiß ich, daß er bey dem gnädigen Herrn nicht wohl gelitten ist, theils weil er ihm aus dem Vermächtniß seines Bruders des Domherrn von A*** jährlich 300 fl. bezahlen muß; theils weil Herr Gutmann über das ewige Jagen, Fluchen, Saufen, Ehrabschneiden und Müßiggehen im Schloß manchmal, doch mit allem Respect, ein wenig losziehet, und über das mit dem verstorbenen Pfarrer aut Freund gewesen. Um ihn aber recht wohl bewa_net unter die Augen zu treten, durchblätterte ich nochmal mit Fleiß mein ganzes Jubiläum-Büchlein, und gieng Freytags in der lezten Jubiläums-Woche nach der Meß in das Amthaus. Als mich die Magd gemeldete, ließ er mich fragen: Ob mein Besuch Kranke oder Nothleidende beträfe? Sonsten, wenn es nur ihn angienge, wollte er sich die Ehre auf den Nachmittag ausgebeten haben; er habe unaufschieb-
liche

liche Geschäfte, und sey eben in der Arbeit begriffen in einer eilenden Sache eine Vorstellung an ein benachbartes Oberamt für eine arme bedrängte Partie zu verfertigen. Als ich Nachmittags um 2 Uhr wieder dahin gehen wollte, hat mir das Herz im Leib so gepochet, daß ich mir vorher mit einem paar Gläßer Wein Muth und Kühnheit einsprechen mußte. Ich gieng hin.

Er hat mich mit mehr Freundlichkeit empfangen als ich hoffen konnte, und sagte gleich beym Eingang: Herr Pfarrer, ich habe mir schon mehrmalen das Vergnügen gewünschet, sie bey mir zu sehen. Sie sind, wie ich nun selbst erfahre, und von den meisten des Dorfs gehöret habe, ein wakerer gutthätiger Mann. Ich habe ihnen nicht übel nehmen können, daß sie mich bisher noch nicht besuchet haben; die Ursachen sind leicht zu errathen; und eben diese haben auch mich abgehalten, ihren Umgang zu suchen. Ein freundschaftlicher Umgang, dergleichen ich mit ihrem Vorfahrer genossen, wäre mir ein Trost in meinem Alter: Allein man siehet es im Schloß nicht gerne, daß die Herrn Pfarrer mit mir auf einen freundschaftlichen Fuß leben; und sie thun wohl, daß sie sich mit dem gnädigen Hrn. gut zu stehen bemühen. Kann ich aber ihnen

Dritter Brief.

nen oder ihren Pfarrkindern einige Dienste erweisen, so ist es aus Christenthum und Menschenliebe meine Pflicht. Ich stammelte einige höfliche Worte — machte ein paar Kratzfüsse — und wußte nicht mehr was ich sagen wollte. Herr Gutmann muß meine Verwirrung gemerkt haben: denn er nahm, nach dem er mir einen Stuhl angewiesen, sogleich das Wort:

Sie haben nun 14 Tage sehr viel zu thun gehabt, Herr Pfarrer. Es freute mich, daß ich die Leute so fleißig nach der Kirchen gehen sahe. Die Ostern werden leichter seyn. Es ist gut, daß nun die Hauptandachten noch bey schlimmen Wetter nacheinander vorbeygehen, sonst würden die Leute in dem Ackern und Habersaat sehr gehindert worden seyn.

Diese Worte, und daß er das Jubiläum und die Osterbeicht mit der Habersaat vermischte, waren mir ein Donnerstreich. Ich muß blaß worden seyn; denn er fragte gleich wieder: Fehlt ihnen etwas, Herr Pfarrer, oder haben sie sich an meinen unschuldigen Worten geärgert?

Ich antwortete ein halb lautes Nein! Und da ich auf seinem Tisch ein aufgeschlagenes Jubiläumbüch-
lein

lein von E*** sah, gab er mir Gelegenheit, meine Absicht merken zu lassen. Ich sehe, daß sie sich zu Haltung der grossen Gnadenzeit vorbereiten, sagte ich, worzu nur noch 2 Tage übrig bleiben.

Ein Lächeln, das mir durch die Seele gieng, breitete sich über des Hrn. Gutmanns Gesicht aus. Ew. Hochw. muß ich gestehen, daß ich meinen Bündel Untugenden und Sünden auf die nahestehende Osterzeit verspare.

Aber warum wollen Euer Herrl. nicht des allgemeinen, nun durch unsern heiligsten Vater eröfneten Gnadenschatzes sich theilhaftig machen?

Darzu verbindet mich kein Glaube; es beweget mich keine Ursache; und ich hoffe mit Erfüllung der wahren Christcatholischen Pflichten doch ehrlich zu leben und selig zu sterben.

Ehrlich zu leben, das kann wohl seyn. Aber mit Verachtung des von dem Satthalter Christi ausgeschriebenen Jubiläums, und Hintansetzung der übermäßigen Gnadenzeit, auch selig zu sterben; erlauben Ew. Herrlichkeit, daß ich daran zweifle! — Sie müssen mich nicht unrecht verstehen, Herr Pfarrer. Ich verachte das Jubiläum nicht. Ich trage

alle

Dritter Brief.

alle Verehrung für unsern heiligsten Vater. Ich glaube, daß die Kirche Macht habe, Ablaß der Sünden zu ertheilen; und daß dieser Ablaß nützlich sey. Ich glaube aber auch, daß, wenn kein Ablaß ertheilt würde, man dennoch, mit Erfüllung seiner Pflicht gegen Gott und die Menschen, selig werden könnte.

Lieber Herr Bruder! Hier stunden mir die Haare zu Berg. Nun mußte ich mit sehr betrübtem Herzen sehen, daß ich würklich einen Mann vor mir hätte, der schon mit kezerischen Banden verstrikt, und eines verhärteten Herzens sey.

Herr Gutmann merkte meine Verwunderung, und sah alle in meinem Innersten vorgehende Bewegungen mit lächelnder Ruhe an.

Als ich mich ein wenig zusammengerafft hatte, sagte ich endlich: Wenn aber Ew. Herrlichk. glauben, daß die Kirche die Macht habe, nützliche Ablässe auszutheilen, was bewegt sie, sich dieses Nutzens nicht auch theilhaftig zu machen? Deñ wissen, daß mir etwas an meiner Seele nützlich ist, die Gelegenheit neben dem offen sehen, da ich es mir leicht eigen machen kann, und doch nicht darnach trachten, ist schon eine Sünde.

Ey!

Dritter Brief.

Ey! Herr Pfarrer, das bedarf eine weitere Zergliederung. Wenn ich weiß, daß ich ohne diese Sache schlechterdings nicht selig werden kann; wenn die Kirche, ich sage nicht der Papst allein, mir die Erfüllung einer mit Gottes Wort oder den Geboten einstimmenden Handlung als ein Gesez vorschreibt, so haben sie recht. Aber ich müßte keine Kirchengeschichte, keine vernünftige catol. Glaubens=Ausleger, und das Concilium zu Trient nicht gelesen haben, wenn ich geradezu glauben und thun wollte, was der übertriebene unwissende Mönchen=Eifer, oder der Hochmuth eines sich unfehlbar glaubenden Theologens, oder auch die Begierde nach Opfer uns weiß machen will. Verzeihen Sie, daß ich hier nicht weiter spreche, sondern für dieses mal abbreche: Ich muß noch einen Boten nach der Stadt schiken, um für des armen Juden kranke Frau einige Kindbetterkräuter zum Trank zu beschreiben. Kommen Sie ein andermal zu mir; ich mache mir eine Freude mit Ihnen zu sprechen. Und damit ließ er mich mit Höflichkeiten überhäuft weggehen.

Was meinest du, Herr Bruder, wie mir zu Muth war? Hundert verschiedene Einfälle giengen mir durch den Kopf. Bald bedauerte ich den übel
ge=

Dritter Brief= 27

gebrauchten Verstand des Herrn Gutmanns; bald
entsezte ich mich über seine so kezerischschmekende
Propositiones, bald wünschte ich ihn zu bekehren,
und wußte doch auch nicht was ich ihm sagen sollte.
Doch war ich überzeugt, daß er Unrecht habe; denn
qui ecclesiam non audierit sit sicut Ethnicus
& publicanus; atqui der Pabst hat das Jubiläum angeordnet, und der Bischof hat uns in dem
gründlichen Unterricht die Vorschrift gegeben, wie
wir es halten sollen; ergo ist Herr Gutmann qui
audiuit, und doch den Ablaß nicht gewinnen mag,
Ethnicus & Publicanus. Nur war ich noch irre,
was er mit der Kirchengeschichte sagen wolle.
Was mag dieses wohl für ein Historienbuch seyn?
Und wenn auch die Beschreibung aller Kirchen und
Capellen darinn enthalten wäre, dachte ich, so kann
das zum vollkommenen Ablaß nichts machen; denn
eben dieses bestärket ihn, weilen bey jeder Einweyhung einer neu erbauten Kirche allemal vom Bischof
Abläße ertheilet werden. Er sagt auch vernünftige catholische Glaubens-Ausleger; das scheinet
mir auch nicht orthodox. Man soll ja die Vernunft nicht gebrauchen, so bald etwas den Glauben betrift. Das Concilium zu Trient lasse ich
allenfalls an seinem Ort gestellet seyn. Wer weiß
was sie da für Sachen vorgehabt haben; es muß etwa

wa kein Pabſt dabey geweſen ſeyn; und wenn die Sache wahr wäre, hätte uns auch der Profeſſor etwas davon geſagt. Ueber das habe ich mein Lebtage von keinem andern, als dem Concilium Tridentinum und nichts von dem zu Trient gehöret. Tridens heißt ja eine Dreyzak und Triens ein Drittel. In der Verlegenheit beſchloß ich, mich bey unſern Herrn Dechant Raths zu erholen und ihm den ganzen Handel vorzulegen; bis dahin aber nicht mehr zum Herrn Gutmann zu gehen.

O das verzweifelte Schnepfenjagen! Ich muß ſchlieſſen; es iſt ein Pferd vor meiner Thür; ich ſoll eilends in den Wald, der gnädige Herr hat einen Buben gefährlich geſchoſſen. Nächſtens ſollſt du erfahren, wie die Sache bey Jhro Hochw. dem Herrn Dechant abgelaufen.

Vierter Brief.

Den 11ten April 1770.

Ich eile dir liebſter Bruder zu melden, wie meine Anzeige bey dem Herrn Dechant aufgenommen worden. Um 8. Uhr muß ich in die Kirche ge-

Vierter Brief.

gehen; es ist mir also nur eine einzige Stunde zum Schreiben übrig. Freylich wünschte ich dich mündlich zu sprechen; aber ich sehe bey unserer gar zu weiten Entfernung keine Möglichkeit vor mir. Doch es freuet mich, daß dir mein Vertrauen angenehm ist; und so habe ich doch wenigstens den Trost, daß wir einander oft schreiben werden.

Wisse also, daß ich den Herrn Dechant noch im Schlafrok angetroffen, und daß er More solito mir sehr hoch und trocken begegnet. Ich habe bey mir ganz stille gedacht: Entweder wird der Mann noch Weihbischof oder ein Narre. Amen!

Seine Anrede war: Nu! Wie lauts, was hat der Pfarrer neues?

Nicht viel. Aber es ist mir ein Vorfall begegnet, wo ich Ew. Hochwürden Rath und Beystand nöthig habe.

Ja, wenn man nichts anders zu thun hätte, als euch jungen Leuten aufzuhorchen! Lernet eure Sachen besser in Studiis so braucht man nicht nachzuschulmeistern. — Nur kurz und geschwind!

Da fieng ich an meinen Kram auszulegen, und ihm den vollkommenen Hergang zu erzählen. Wie er

Vierter Brief.

einmal wußte, daß mein Vortrag den Herrn Gut‍mann angehe, da wurde sein Gesicht über und über so uerroth wie ein Hanenkamm.

Das ist ein sauberer Gespan, sagte er. Man darf nur die P. P. Franciscaner hören, was der al‍te Lumpenkerl für Reden auf Franciscifest über den vollkommenen Ablaß ausgestoßen. Kein Wunder, daß ihr in euerm Dorf 2. Mißjahre auf einander gehabt, und der gnädige Herr ein Bettelmann wer‍den muß; warum giebt er ihm Aufenthalt?

Ich bemühete mich ihm den Irrtum, in dem er in Ansehung der vermeinten Freundschaft zwischen dem gnädigen Herrn und dem alten Hofmeister stek‍te, zu benehmen, und sezte noch hinzu: Dieser kön‍ne ja eben so gut als 14. Judenhaushaltungen in dem Dorfe wohnen. Aber damit bekam ich seine ganze Ungnade auf den Hals.

Juden, was Juden, rufte er aus! Ich wollte lieber 100. Juden als einen Gutmann in meinem Dorf haben. Der Pabst hat auch Juden in Rom; aber Ketzer duldet er nicht. Mit Juden kann ich noch handeln; und wenn ich sie betrüge, thue ich doch keine Sünde, sondern nur den Feinden Chri‍sti Abbruch. Juden tragen auch wohl *jura stolae* ein.

Vierter Brief.

ein. Aber so ein heilloser Gutmann, der sich auf Vernunft verläßt, der die halbe Welt durchwandert, und mit seinem bisgen Lesen gescheider seyn will, als unser einer, so einen Kerl soll man in einem Christcatholischen Gebiet nicht leiden. Laufe der Hr. Pfarrer nur fein fleißig zu diesem Atheisten, so wird er bald werden, wie sein Vorfahrer, der alle Tage bey ihm gesessen, und allerley verbotene Bücher mit sich nach Hause genommen, ohne die *Licentiam legendi* bezahlt zu haben. Beym Auskehren hat sich's gefunden. Schon mit 68. Jahren schikte ihm Gott die Wassersucht. Was glaubt er wohl Herr Pfarrer, was ich für Bücher bey ihm angetroffen? Eine Oeringische Lotterie-Bibel, die zu Nürnberg gedruckt war, wo der ganze Magistrat, wie ich höre, Lutherisch seyn soll. Deutsche Predigten von einem gewissen Tillotson aus Engelland, wo der Pabst als Antichrist behandelt wird. Andere zu Amsterdam gedruckte, von wannen ich mein Lebtag gehöret, daß man nichts als Stokfische und Häringe kommen läßt. Zum Spaß habe ich sehen wollen, von was einige andere Bücher handeln; sie waren aber lateinisch, und da hätte mich die Zeit gereuet. Auf einem Deutschen stund zwar Muschenbröcks Philosophie; aber wie ich es aufmachte, fand ich über den Capiteln

teln Vernunftlehre, Geisterlehre ꝛc. und allerley in Kupfer gestochene Cirkel mit Buchstaben, Sonnen, Dreyek und andere gewisse Merkmale, daß es zur Hexerey, Gott segne uns! gehören müsse. Der alte Gutmann forderte seine Bücher wieder. Aber ich machte kurzen Proceß und warf sie miteinander in das Feuer. (*) Mit einem Wort: Ich finde, daß der Mann nichts nutz ist. Will er das Jubiläum gewinnen, so muß er mir erst alle seine Bücher einliefern. Will er nicht, so ist und bleibt er des Teufels Eigenthum. Was schwäzt so ein Bursch von Kirchenhistorie. Es giebt freylich so Bücher, aber sie gehören nicht zum Glauben. Der Catechismus ist nicht umsonst geschrieben. Und wenn man so Bücher lesen müßte, wo wollte man die Zeit hernehmen, das Brevier zu beten, Meße zu lesen, ein Spielgen mit zu machen und mit guten Freunden ein Glas Wein zu trinken? Ich sage es ihm, Herr Pfarrer, meide er den kezerischen verdächtigen Kerl. Glaube er, was er gelernet;

lehre

(*) Dem Herrn Dechant mag das Verbrennen solcher Bücher noch hingehen. Aber wenn man auf einer Lutherischen Hohenschule Geßners Idillen von einem R. aus heiligem Eifer verbrennen siehest, so muß man über die Barbarey mitten in unsern aufgeklärten Zeiten erstaunen und solche Urkunden des Unverstandes beweinen.

Vierter Brief.

lehre er auch das und nicht mehr seine Bauern. Seelig sind die Armen im Geist. Und er wird so gar in der Legend allemal 20. einfältige Heilige gegen einen gescheiden antreffen. Noch einmal, sagte er endlich, kann er zu ihm gehen; merke er aber auf alle Worte; und wenn wir ihn in einer einzigen verdächtigen Rede fangen können, so soll er bald excommunicirt seyn; da mag er dann crepieren und verscharrt werden wie ein anderes Vieh auch. Was macht er denn sonst im Dorf für Händel, fragte er leztlich?

Ich sagte, er sey in seiner Aufführung ein ganz ordentlicher gutthätiger Mann, der den Armen und Nothleidenden viel Hülfe und Gutes beweise.

Den Armen, den Nothleidenden! Ich weiß aber das Gegentheil. Es sind noch keine 3. Tage als mir der Bruder Dismas von den Capucinern geklaget, daß der Gutmann ihn noch niemals vorgelassen, wenn er zu unterschiedlichen Zeiten im Dorf Butter, Fleisch, Lichter, Flachs, Brod, Mehl, Eyer, Salz, Schmalz, Oehl, Wolle oder andere Sachen terminiere. Wann der alte Kezer gutthätig wäre, so gäbe er aus so vielen Nothwendigkeiten doch den armen Capucinern, Franciscanern,

Vierter Brief.

nern, Auguſtinern, Carmeliten oder Dominicauern etwas. Dieſe ſind die wahre freywillige Arme, die bey ihrer vom Pabſt approbirten Armuth dennoch der Kirche gegen die Kezer beyſtehen und den Pfarrern aushelfen. Schwerlich wird Gott das, was man an Bauern verſchenkt, für ein gutes Werk anſehn. Denn dieſe ſind zur Arbeit gebohren, und nicht freywillig, ſondern gezwungen arm. Es muß doch jemand im Schweiß ſeines Angeſichtes ſein Brod gewinnen, auf daß der Fluch der Erbſünde erfüllet werde. Wann der Bauer was hat, oder geſchenkt bekömmt, wird er gleich übermüthig oder faul. Und das gehet gegen ſeine Beſtimmung.

Nun iſt es gut, Herr Pfarrer. Merke er ſich was ich ihm da geſagt. Junge müſſen von den Alten lernen. Hat er keine Aepfel mehr? Die Faſten thut mir wehe. Ich mag nicht immer von Mehl eſſen; Fiſche ſind zu theuer: Vielleicht giebt es welche in ſeinem Dorf. Ich ſtehe wieder dagegen zu Dienſten, und komme ohnehin bald auf die Viſitation.

Da haſt du, lieber Herr Bruder, den gänzen Hergang haarklein. Aber was habe ich daraus lernen oder zu meinem künftigen Verhalten merken

Vierter Brief.

ken ſollen? Ich weiß nichts, als daß er und die Mönche den Gutmann nicht leiden können, und daß ich gleich noch in der Stadt ein Körbchen Aepfel gekauft, und es des andern Tags dem Dechant von Haus aus zugeſchikt.

Ich möchte dir gerne mehr ſagen; aber man hat mir ſchon mit beyden Gloken zum Altar geſtürmt; nun muß ich fort. Nach Oſtern das weitere.

Fünfter Brief.

Den 17. April 1770.

Ich danke dir für den freundlichen Oſterwunſch. Mir macht es nichts ob ich Fleiſch oder Faſtenſpeiſe eſſe. Ich bin das ganze Jahr an eine magere Koſt gewöhnet. Der Wirth hat auf die Feyertage geſchlachtet, und mir einen ſchönen Braten geſchikt. Die Hälfte davon habe ich und mein Schulmeiſter mit einander verzehret, und das andere wollte ich eben unſerm alten kranken Wagner, einem 70. jährigen von ſeinen Kindern übel behandelten Mann ſchiken. Aber er hat mir mit dem Beyſaz danken laſſen, der Herr Gutmann habe ihn

ihn auf die ganze Woche mit Fleisch und Brod versehen. Der verzweifelte Gutmann macht mich manchmal ganz irre. Ich weiß nicht was ich von ihm halten soll. Wenn ich betrachte, daß er ganz genau die Schuldigkeiten unserer Religion im äusserlichen erfüllet, wie er dann erst am Grünendonnerstag recht auferbaulich communiciret hat; wenn ich sehe, daß er mit dem besten Gemüth von der Welt, aber freylich ohne Unterschied des Glaubens, jedem Nothleidenden Hülfe leistet; so möchte ich ihn lieb haben. Wenn ich aber wieder betrachte, was der gnädige Herr, der Dechant, und P. Guardian mir von ihm gesagt, so ist und bleibet er ein verstokter Bösewicht und heimlicher Erzkezer.

Du kannst dir, lieber Herr Bruder nicht vorstellen, was mir für wunderliche Gedanken, neulich, als ich von dem Dechant aus der Stadt nach Hause gieng, unterwegs der Teufel in den Sinn gegeben. Und ungeachtet ich seither den lieben Gott alltäglich in dem h. Meßopfer um Erleuchtung gebeten, so kann ich mich doch noch nicht ganz überzeugen, daß der Gutmann ein so verdammnißwürdiger Mensch sey. Ich dachte, der Dechant hat mich auf den Catechismus gewiesen; und was darinnen stehet, das thut und glaubt ja unser alter Hofmeister. Ich
weiß

weiß nichts Uebels von ihm, als daß er in keine Bruderschaft eingeschrieben; keinen Ablaß gewinnt; von Hexerey nichts hält; Gespensterhistorien nicht glaubet; der Mönche Betteleyen nicht günstig ist; über ihre Predigten und geistliche Erzählungen manchmal spöttelt; keine Wallfahrten verrichtet; allerley weltliche Bücher auch von Ketzern liefet; und, was freylich das Aergste ist, keinen Unterschied in Vertheilung seiner Wohlthaten macht, sondern jeder menschlichen Creatur, die er in Armuth oder Noth weiß, und sollte es auch zehnmal ein Jud, oder gar ein Lutheraner seyn, mit gleichem Eifer hilft und dienet. Dieses sind grosse Fehler, ich gestehe es; aber es stehet doch auch gleichwol von allem diesem nichts in dem Catechismus; mithin ist er zu dem was er nicht thut durch den Glauben nicht gebunden. Und doch dachte ich auf der andern Seite wieder, der Dechant müsse einmal recht haben. Denn er ist S. S. *Theologiae Baccal. biblicus & formatus*. Und als Priester, als Beichtvater, als unser geistlicher Capitulsvorsteher dürfe er nicht lügen, nicht ehrabschneiden, nicht verläumden; das wäre ja eine entsezliche Sünde. Er hat ja das Jubiläum gewonnen und liefet fast in jeder Woche einige heil. Messen.

Sie=

Fünfter Brief.

Siehe, lieber Herr Bruder, wenn der Gutmann nicht in meiner Pfarre wohnete, so läge mir an allem nichts. Darf ich mit Juden handeln, so dürfte ich auch mit diesem Mann manchmal Umgang pflegen, und sein Pfarrer möchte alsdann für seine Seele an jenem Tage antworten. Aber das ist aus; er ziehet von hier nicht weg. Und da bleibt mir immer, nach des P. Guardians Versicherung, die Verantwortung für eine Seele die ich nicht kenne auf dem Gewissen liegen. Ich werde ganz abscheulich von meinen eigenem Gedanken herumgetrieben. Bald habe ich den Gutmann lieb, bald ist er wieder *sicut Ethnicus & Publicanus.*

Erst gestern Abends nach Tische habe ich mit meinem Schulmeister lang und breit über diese Sache gesprochen. Aber ich weiß nicht, wie mir der Mann vorkömmt; er hat mir behaupten wollen, der Dechant, der Guardian, und alle, die gegen den alten Hofmeister sprächen, wären unchristliche gewissenlose Verläumder; und er sezte mit einem erhizten gotteslästerlichen Ton hinzu: „Ein „Gutmann ist mir mehr werth und in Ansicht der „menschlichen Gesellschaft ein besserer Christ, als „36 Franciscaner und 24 Dechanten.„ Ich mußte ihn mit Ernst schweigen heissen, und wollte,

Fünfter Brief.

te, er sollte auf der Stelle beichten. Aber er war in einem solchem Jast, daß er sich nicht zurükhalten ließ.

Ew. Hochwürden, sagte er, ich bin über meine 7. Jahre. Ich weiß, was die heil. drey Könige geopfert haben. Ihr sel. Vorfahrer war auch kein Kezer. Und daß er etwas wußte, hatte er in seinen lezten Jahren dem Herrn Gutmann zu verdanken. Der gab ihm, und der Herr Pfarrer mir Bücher. Hätte ich nur lateinisch verstanden, wie ich es lesen konnte, oder ein Bisgen mehr Französisch als *votre Serviteur*, so wollte ich ein anderer Mann seyn. Aber so viel ist allemal gewiß, daß der alte Herr Hofmeister, Gott segne ihn, mehr vernünftiges catholisches Christentum in der That, und zwar täglich, ausübet, und sich dadurch bey dem allmächtigen Gott mehr Verdienst sammeln muß, als 50 Mendicanten-Klöster mit allem ihrem kraftlosen Geplärre in einem langen Jahr, zu 365 Tag und Nacht gerechnet, gewiß nicht zusammen bringen können. Das christliche Gesez ist ein Gesez der Liebe. Unser Heiland hat uns diese vor allen andern geboten, und gesagt: **In der Liebe Gottes und des Nächsten bestünde das Gesez und die Propheten.**
Wer

Fünfter Brief.

Wer ist nun mein Nächster? Ew. Hochwürden werden vielleicht, mit dem Dominicaner, der lezthin zu A*** geprediget hat, antworten, nur die Mönche und die den catholischen Glauben haben. Aber das ist fein brav nicht wahr. Gott hat alle Menschen nach seinem Ebenbilde erschaffen. Christus der Herr ist für alle gestorben. Und der allmächtige Gott, der sie auf die Welt geschikt hat, auch darauf leben läßt, hat uns die Pflicht geboten, ihren Nöthen, wenn wir können, zu steuern, ihr Elend zu versüssen, und nicht, weil sie an ein oder das andere nicht so wie der Dechant glauben, sie ärger als das unvernünftige Vieh zu achten. Sie füttern ja ihre Kaze und den Canarienvogel, und brechen sich auch wol ein Stük Brod von Ihrem Mund ab, um es ihrem Mops zu geben. Ist dann ein kranker Ketzer mit einer vernünftigen Seele, wo nicht besser, doch eben so gut als Ihr Mops?

Ich habe mich fast zu Tode geärgert, fuhr er fort, als der Dechant nach dem Absterben ihres seligen Vorfahrers auf 6. Tage hieher kam, um mit sündlichen Kösten, unter dem Vorwand des Obsignirens und Inventirens, Diäten zu ziehen und sich wohl seyn zu lassen. Die ganze Ver-
laß=

Fünfter Brief.

lassenschaft schäzte er auf 120. fl. Die Leichkosten beliefen sich auf 27. fl. Die Diäten des Dechants auf 15 fl. Dann mußte die Schwester als Erbin, noch für abgeholten Wein im Wirthshaus 7 fl., und für andere Küchennothwendigkeiten über 14 fl. bezahlen. Da sind schon über 60. fl. hingewesen. Die arme Tröpfin hat bitterlich geweinet, als sie nach bezahlten sonstigen Schuldpöstlein fast mit leerer Hand abziehen mußte. Heißt das die Liebe des Nächsten ausüben, wenn der reiche Dechant mit Faullenzen und beflissenem Köstenmachen so einer alten abgelebten Person das wenige, was sie erben sollen, vollends zu nichts macht? Aber das ist nicht, was ich sagen wollte. Sondern, weil sie, Herr Pfarrer, noch nicht hier seyn konnten, so mußte ein Capuciner bisweilen die Pfarrey versehen. Der Dechant brachte ihn mit, und die 6. Tage, da dieser hier saß, mußte ich bey Tisch aufwarten. Wenn dieser seine zwey, und jener seine halbe Maaß Wein ausgeleert hatte, da fiengen sie an gelehrt zu thun, und über Religionssachen zu disputiren. Wann alles das wahr wäre, was der Dechant da behauptete, so erbarme sich Gott seiner armen Geschöpfe; aber ich gieng heut noch und ließ mich beschneiden. Er gieng unbarmherzig mit den Menschen um. Nicht we=
niger

niger als neunzehn Theil mußten des Teufels Eigentum immer und ewig werden. Alle weltliche Leute, welche die Oberherrschaft der Geistlichkeit nicht blind erkennen; die nicht in Brüderschaften eingeschrieben sind; oder nur im geringsten Stük an der Regel des heil. Francisci zweifeln; den Mönchen die Gurgel nicht schwenken, und keine Abläße gewinnen, wurden von dem Himmel ausgeschlossen. Und wissen sie die wichtige Ursache? Weil sie als sündige Menschen täglich zwanzigmal fallen, und niemand oder nichts haben, was sie wieder aufhebt. Gerade als ob man nicht ohne Beyhülfe dieser Herren aufstehen könnte. Ew. Hochwürden sollten nur gehört haben, wie sie mit Kaiser, Königen und Fürsten umgegangen sind. Das kann ich zwar gelten lassen, denn ich kenne keinen davon. Und ich dachte, wenn alle grosse Herrn unserm Edelmann gleichen, so ist ihr Verlust ohne das dem Himmel kein grosser Schade. Mir selbst ist bey ihrem Verdammen nicht Angst geworden. Als Meßmer bin ich doch auch ein Mitglied der Geistlichkeit; und da ich auch Schuldigkeit wegen bey allen Andachten in der Kirche seyn muß, wo ich mehr als der Pfarrer selbst geschoren bin, so will ich den sehen, der mir meinen Antheil an dem Verdienst absprechen kann. Aber es giebt noch

eine

Fünfter Brief.

Schwierigkeit, die ich nicht verdauen kann. Es hat auch unter den Weltlichen eine grosse Menge recht gelehrte, wakere, gutthätige und redliche Männer, die alles glauben und thun, was unsere heilige Religion vor alten Zeiten zu glauben und zu thun geboten hat; und weil diese nicht alle, Gott vergebe es mir! von einfältigen Andächtlern aufgebrachte Narrenspossen mitmachen, so sagt man gleich, sie hören die Kirche nicht; und wer die nicht höret wird verdammt. — Ey, so verdamme du und der Geyer! — Ich kann mich nicht zurükhalten, Herr Pfarrer; ich muß Ihnen etwas gestehen: Aber verrathen Sie mich, so halte ich mein Lebenlang nichts mehr auf Sie; und bringen Sie es für den Dechant, so läugne ich es Ihnen vor dem Maul weg. „Ich glaube nicht, „daß, wer Gott und den Nächsten liebet, auch „für sich selbst ein redlicher Mann ist, in Ewig- „keit verdammt werden wird. Gesezt, er wisse „auch nicht just, und glaube nicht ganz, was im Ca- „techismus stehet.„ Das lasse ich mir nicht nehmen. Und wenn ich anderst dächte, so glaubte ich, unserm Herr Gott Unrecht zu thun.

Lieber Herr Bruder! Mein Schulmeister war in einem so lebhaften und fast rasenden Eifer,

daß

daß ich ihn aller meiner Bemühungen ungeachtet nicht stille machen konnte. Aber wie er mir mit offenbaren *propositionibus ab ecclesia damnatis* kam — da machte ich die Thür auf, und hieß ihn aus meinem Hause gehen. Wie er sahe, daß ich in Zorn gerathen war, gab er gute Worte und sagte: Ew. Hochwürden verzeihen mir, wenn ich Ihnen in der Hitze vielleicht grob begegnet bin; ich bitte um Vergebung. Aber ich kann mir nicht helfen; was ich gesagt habe, dabey bleibt es, oder Sie müssen mir, als mein Seelsorger, das Gegentheil in meinen Kopf probiren. Wissen sie was? Wir sind allein; ich möchte gerne mit Ihnen noch weiter schwazen: Und weil Sie, wenn ich als ein gemeiner Mann mit Ihnen rede, gar leicht böse werden, traktiren wir die Sache, wie eine Beicht; da müssen Sie mich wohl mit Geduld anhören. Er wollte gleich die offene Schuld beten und mich zum niedersizen zwingen. Da ich aber gar leicht einsahe, daß mit dem Geken, der aus gutem Gemüth fehlete weiter nichts anzufangen seyn würde, so suchte ich ihn dadurch zu besänftigen, daß ich ihm ohne Beicht zuzuhören versprach, und zugleich auf mein Ehrenwort versicherte, gegen den Dechant nicht das geringste merken zu lassen; doch mit dieser Bedingung, daß

er

Fünfter Brief.

er mir aufrichtig bekenne, wie er zu diesen erzkezerischen Gedanken gekommen sey. Izt ists recht, rufte er freudig aus! Ich will Ew. Hochwürden alles sagen: Aber stören Sie mich nicht, und seyn Se geduldig; es wird Ihr Schade nicht seyn.

Der verstorbene Pfarrer hat mir einst im Winter eines von des Gutmanns Historienbücher zu lesen gegeben. Was weiß ich was es eigentlich war; aber es handelte von Leuten, die vor alten Zeiten in Rußland wohneten und Griechen hiessen, die nicht an den H. Geist glauben. Da las ich von-von einem Juristen, der sich Solon geschrieben hat, der hat viele Geseze zusammengeschrieben; und hernach noch von einem Namens Socrates, der war Professor auf der Universität Athen. Nur die 2 Namen habe ich aus dem Buch behalten können. Euer Hochw. werden nicht glauben können, was das für ehrlich gescheide und wackere Männer gewesen sind. Und da es mir wehe that, daß so rechtschaffene Leute dem Teufel, und dagegen so viele einfältige nur dummfromme Einsiedler aus der Legend unserm Herr Gott zugehören sollten; so ward ich anfänglich auf diese gelehrten Leute böse, daß sie nicht auch den christlichen Glauben angenommen haben,

und

Fünfter Brief.

und dachte: Was mögen sie doch immer für eine Ursache darzu gehabt haben? Endlich bin ich im Fortlesen auf die Buchstaben gekomem A. 469. v. C. G. gebohren. Weil ich das nicht verstund, so fragte ich den sel. Pfarrer, der mich dann belehrte, daß es 469 Jahr vor Christi Geburt gebohren heisse: Da ist mir auf einmal leichter worden. Wenn die Leute 400 Jahr vor Christo gelebet, dachte ich, so konnten sie ja keine Christen werden; und Juden werden sie wohl nicht haben werden wollen; weil, wenn man das Alte Testament lieset, und da findet, was sie für ein liederliches, sündiges, rachgieriges und lasterhaftes Volk gewesen, und, was sie dem l. Gott für Verdruß gemachet haben, einem aller Lust vergangen seyn muß, sich zu einem Hebräer machen zu lassen.

Einstmals hatte ich das Buch bey mir in der Sacristey. Da blätterte der P. Lector von E ** darinnen vor dem Meßlesen; denn er hatte Langeweile, und mußte auf den gnädigen Herrn warten, der noch vor der Kirche seinen braunen Hengst auswerfen lassen, und zusehen wollte, wie das arme Thier sich wehren und ächzen würde. Der P. Lector fragte mich, ob das Buch mein sey? Ich antwortete, nein, es gehöre dem Herrn Gutmann.

Schon

Fünfter Brief.

Schon das gefiel ihm nicht; denn er schüttelte den Kopf mit einem ziemlichen Amtsgesicht. — Doch las er halb laut fort, so wie man das Brevier herschnorret; und da ich hörete ich meinen lieben Socrates nennen.

Nicht wahr Ihr Hochw. das war ein braver Mann?

Ja, antwortete er, das war er, aber nur nach dem Fleisch, nicht nach dem Geist.

Warum Herr Pater?

Weil er ein Heyde gewesen?

Was kann ihm das schaden? Christus ist ja damals noch nicht gebohren gewesen?

Dem ungeachtet ist er nicht weniger immer und ewig verdammt. Denn wer vor Christo kein Jud war, und nach Christo kein Catholik ist, der hat zur Seligkeit kein Recht.

Ey das ist sehr hart. Der Mann war so brav, so gescheid, so nüzlich, so tugendhaft. Vielleicht hat er vom A. T. nie nichts gelesen; vielleicht sind keine Missionen in sein Land gekommen; wie hätte er denn einen Glauben annehmen sollen, von dem er nichts gewußt hat?

Gewußt oder nicht. Das verstehet ihr nicht mein lieber Mann. Ich müsset blind glauben und nicht zweifeln. Die göttliche Gerichte sind ein tiefer Abgrund. Und wir Gelehrte haben das Ding schon so ausgemacht, daß, wann ihr nur den mindesten Anstand an meinen Worten nehmet, so seyd auch ihr verdammt.

Nun war es Zeit, mein Maul zu halten. Aber ich war so böse, daß ich ihm einige Stumper und Stösse beym Anziehen der Meßkleider gegeben; und wenn er sie nicht gefühlet, so muß sein Leib eben so unempfindlich als seine Kutte gewesen seyn. Unter der Meß habe ich Gott recht eifrig angerufen, er möchte mir doch in den Sinn geben, ob der P. Lector wahr geredet oder gelogen habe. Und, Gott weiß es, Herr Pfarrer, es war mir nach wie vor. Als ich ihrem sel. Vorfahrer das Buch wieder gebracht, wollte ich ihn auch um seine Meynung über meine Bedenklichkeiten fragen; aber er lächelte, und fieng an von ganz andern Dingen zu reden. Von selbiger Zeit an konnte ich kein Buch mehr von ihm bekommen.

Der Dechant aber, da er bey dem Inventiren hier war, hat mir gleich den andern Tag einen

Fünfter Brief. 49

nen gehäuften Korb voll Bücher gegeben, mit dem Befehl sie augenblicklich zu verbrennen. Unter diesen fande ich auch, nachdem das Feuer schon zwey Lateinische verzehrt hatte, mein Historienbuch, und hieraus urtheilete ich, daß sie alle mit einander dem Herrn Gutmann zugehören müßten. Warum läßt der Dechant eines andern ehrlichen Mannes Bücher verbrennen? Das kann nicht recht seyn, dachte ich. Vielleicht kann es noch gar der armen Schwester des Verstorbenen Verdruß machen, und davor will ich sie verwahren. Ich holte so gleich einen Haufen alter Schreibbücher von meinen Schülern, die ich sonst unserm Krämer für Taback verkaufte, warf diese ins Feuer, und versteckte einstweilen die Gutmännische unter dem Wasserstein, bis ich sie Abends ihm hintragen konnte. Der Dechant war zufrieden, daß er auf dem Heerd Papier prasseln hörte, und so brachte ich noch Nachts um 9 Uhr dem Herrn Gutmann seine Bücher. Er freuete sich darüber, und wollte mir einen Gulden schenken; aber ich schlug ihn aus, weil ich glaube, man müsse sich eine ehrliche That nicht bezahlen lassen. Dieses einzige bat ich mir von ihm aus, daß, wenn er so eines hätte, das für mich zum lesen taugte, er es mir leihen möchte. Der l. alte Mann stellte mir

D frey

frey was ich aus dem Korb behalten wollte; und da ersuchte ich ihn um ein dikes Buch, das ich noch habe. Dieses schenkte er mir gleich; und ungeachtet ich weiter nichts annehmen wollte, so schifte er doch Tags darauf meiner Frau, ohne mein Wissen, ein Viertel Erbsen. Ich war doch begierig dieses Buch kennen zu lernen, und fragte daher den Schulmeister, wie das Buch hiesse? Das sollen sie gleich sehen, sprach er, und lief eilends nach Haus. Er brachte einen ziemlich diken Band in Folio, der schon vor 200 Jahren in Straßburg gedrukt worden, unter dem Arm herfür. Es war Titus Livius und Lucius Florus von Ankunft und Ursprung des römischen Reichs, der alten Römer Herkommen, Sitten, Weisheit, Ehrbarkeit, löblichen Regiment und ritterlichen Thaten rc: Das ist ein Buch Ihr Hochw. sagte er, in dem er es auf dem Tisch aufschlug; da ist mehr Menschenverstand inne, als in dem ganzen Leben der Heiligen von P. Cochem.

Das lasse ich gelten, wenn ihr von menschlichem Verstand redet. Aber, mein lieber Schulmeister, aller Witz, aller Verstand, aller Welt Gelehrheit macht nicht selig.

Ja,

Fünfter Brief.

Ja, Herr Pfarrer, aber das macht doch weise und glücklich. Zur Seligkeit muß es auch nichts schaden, sonst hätte Christus seine Apostel und Jünger immer dumm und einfältig bleiben lassen, mithin die Erleuchtung des H. Geistes versparen können. Lesen sie einmal den H. Paulus. Der war beym ——— ein feiner Kopf.

Ja, aber was wollt ihr denn mit eurem Buch beweisen?

Das nämliche was ich mir seit dem ersten Buch nicht mehr aus dem Kopf bringen kann. Ich will und werde nimmermehr glauben, daß Gott der Schöpfer aller Menschen, der alles zum Besten und mit unbeschreiblicher Weisheit gemacht und zur Seligkeit berufen hat; der Gott, dessen Güte und Barmherzigkeit ohne Ende ist, ehrliche Leute, vernünftige, geschikte, menschenfreundliche, tugendsame Männer darum ewig verdammen solle, weil sie sich nicht taufen lassen, ehe man noch etwas von der Taufe gewußt hat, und weil sie vor Christi Geburt und Lehre keine Christen geworden sind. Sehen sie einmal hier, (hier wies er mir einige sich ausgezeichnete Namen,) der Mann, der Archimedes heißt, war ein äusserst geschikter Rechenmeister und Feldmesser, zu Syracusa nicht weit von dem gelobten Land wohnhaft. Da ist einer, der mir gar wohl gefällt, der Seneca; er war Hofmeister bey einem Kaiserlichen Cronprinzen in Rom. Den Cicero kennen sie aus der Schule. Schön Ehre und Lob genug für ihn, daß er aus einem Gerichtsprocurator zum Rathsmeister aufgestiegen ist. Der alte Cato hat auch viel Gutes gestiftet, und noch ein Haufen anderer, die ich nicht aufsuchen mag. Diese Leute lasse ich mir alle nicht verdammen, oder — — ich gehe mit.

Um nur den halsstarrigen auf seiner Meynung versessenen Mann ein wenig zu beruhigen, jedoch mit feyerlicher *restrictione mentali de non præiudicando S.S. Sedi Romanæ in sententiis receptis*, sagte ich endlich zu ihm: Es könnte seyn, daß diese mir nur dem Namen nach bekannte Heiden, wenn sie einen Gott geglaubet, und das natürliche Gesez ohne sonstige Todsünde gehalten, vielleicht einmal zu Gnaden aufgenommen werden könnten; aber das helfe ja seinem Gutmann nichts, der in einer glücklichern Zeit der geoffenbarten Religion gebohren sey, und geflissentlich sich durch seinen Unglauben gegen die Kirche, mithin gegen Gott, versündige, und, was das schlimste seye, in seinem Eigensinn beharre und sich dadurch muthwillig verdamme.

Ey,

Fünfter Brief.

Ey, ey, Hochw. Herr! Ich bedanke mich einstweilen, daß ihr mir meine heidnische Altväter nicht ohne ihr Verschulden unglücklich machet; für Hrn. Gutmann ist mir nun nicht mehr bange. Er hat auch geistliche Bücher; er hat viel gelesen und thut es noch täglich; er ist getauft; er glaubt das ganze credo und ist von Herzen gutthätig. Was will man mehr von ihm? Und dann ist er so vernünftig, daß er ja auf dem Todbette beichten kann, wenn ihm noch etwas fehlen sollte. — Aber ich habe damit noch nicht genug, Herr Pfarrer: Ich möchte gerne — —

Nun, was denn weiter, fiel ich ihm ein? — — — auch die Lutheraner und Calviner selig haben. Es soll mir keine Seele verlohren gehen; sonst bin ich nicht zufrieden.

Wunderlicher Mann! Zulezt wollt ihr noch Türken und Juden dabey haben! —— Vielleicht auch. Es soll mir niemand verdammt werden als die Narren, wenn es dergleichen giebt, die Gott läugnen; und verstokte übelthätige Böswichte, die kein Gefühl einer menschlichen Seele haben, und sich durchaus nicht bessern wollen.

Aber sagt mir, wie und warum ihr so denket?

Fünfter Brief.

Sehen sie Herr Pfarrer, ich habe lezthin bey des Amtmanns Sohn, als er zum Meßdienen kam, einen Calender gesehen, einen Gothaischen Hofcalender. Ich behielt ihn während der Messe, und blätterte so hin und her. Ich habe gar bald gefunden, daß ungefehr 3000 Millionen Menschen auf Erden leben. Da kam mich der Lust an, in der Austheilung, die dabey stehet, auszurechnen wie viel catholische Länder darunter seyen; denn diese weiß ich aus einer Landcharte die mir der vorige Pfarrer geschenkt hat. Ich brachte 62 Millionen catholische Christen heraus. Weil ich mich aber doch gestossen haben könnte, so gab ich für die hin und her in andern Ländern zerstreute noch 18 Millionen hinzu; da warens 80. Von diesen 80 Millionen gehet auch noch der vierte Theil, und wenn es euch geistlichen Herren und eurem Sagen nach gehet, wohl die Helfte verloren. Doch wir wollen es bey dem vierten Theil bewenden lassen; so blieben 60 Millionen für den Himmel übrig. Ich dividirte sodann die ganze Summe nach des Lechners Rechenkunst, und nach dieser Rechnung hat der Teufel allemal 50 Seelen bis unser Herr Gott eine bekömmt. Der liebe Gott hat sie alle erschaffen; zur Seligkeit erschaffen; sein göttlicher Sohn hat sie alle vom ewigen

Tod

Fünfter Brief. 55

Tod erlöset, und der Teufel soll dem unerachtet Herr und Meister darüber werden? Das kann mit dem herrlichen Zwek der weisen Schöpfung und wahrhaft göttlichen Erlösung nicht bestehen. Und wenn zulezt alle Strike brechen, so läßt es die unendliche Barmherzigkeit Gottes nicht zu. Ich kann den Himmel, der gewiß grösser ist als die Hölle, nicht leer stehen, und dagegen das kleine verdammte Loch im Mittelpunkt der Erde so voll angestopft sehen. Mit einem Wort, alle Menschen sind mir lieb, und Gott über alles. Es ist mir schlechterdings unmöglich, daß ich mir ihn wie den Kaiser Nero vorstellen soll, der, wie in diesem Buch stehet, eine Freude hatte die Leute zu quälen, blos darum, weil er Gewalt und ein böses Herz besaß. Ihr geistliche Herren, denke ich, macht euch nicht viel daraus. Weil ihr keine Kinder habt, so sorget ihr nur für euern Balg. Aber unser einer, der dafür arbeitet, daß die Welt nicht absterbe, hat schon mehr Menschenliebe. Wann wir uns überwinden könnten, alle Menschen als unsere Brüder und als Miterben des Himmelreichs anzusehen; wenn wir darauf merken wollten, was ein jeder thut, und nicht was er so zu sagen zu glauben gezwungen ist, weil ihn seine Geburt, seine Pfarrer und sein Schulmeister

es

es gelernet; weil seine Eltern das auch geglaubt, die er für vernünftige Leute hält, und weil er in einem Lande sein Haab und Gut, und Nahrung hat, wo man nicht anders glauben darf, so hätten wir einander alle lieb; und da würden viele Seelen noch dem Himmel gewonnen, die sich jetzo aus Haß und Verfolgungsgeist wechselsweise selbst verdammen.

Nun Herr Pfarrer damit ists aus. Ich weiß was sie dagegen nach ihrem Handwerk sagen müssen. Ich will alles als ein gehorsames Kind der Kirche annehmen, und zufrieden seyn, daß meine und ihre Religion die beste sey. Aber lassen sie mir nur die Freude, daß es unter den Kezern auch recht viele ehrliche, gutthätige und rechtschaffene Leute gebe — und daß unser liebe Gott nicht denke wie der Dechant.

Bey diesen Worten ergriff mein Schulmeister die Thür, wünschte mir gute Nacht; denn es war beynahe 12 Uhr; bat noch, ihm nichts vor ungut zu nehmen — und fort war er.

Dieses einfältigen Tropfens Geschwaz hat mir doch seither viel Nachdenkens gemacht. Ich habe ihm so aufmerksam zugehört, daß mir alles in dem Gedächtuiß geblieben ist. Und ich muß es
dir

dir gestehen, wenn ich nicht geistlich wäre, so däch=
te ich fast wie mein Schulmeister. *Sed abrenun-
cio.* Die Kirche kann nicht fehlen, und was sie
gebietet, das muß wahr seyn: Freylich haben des
Schulmeisters Argumente viel wahrscheinliches,
und ich wünsche so gar, daß er recht haben möchte;
allein — — Bete für mich, Herr Bruder, daß
mein Glaube nicht wanke.

Der Bot klopft an mein Fenster. Lebe wohl!

Sechster Brief.

Den 24ten April 1770.

Gestern, lieber Herr Bruder, habe ich deinen
Brief von dem 21sten dieß erhalten. Ich
hoffete von dir Anweisungen zu bekommen, wie ich
mich gegen die offenbar irrige Meynungen des
Schulmeisters setzen, und auch bey dem Gutmann
wohl bewafnet erscheinen könnte; allein, ich weiß
nicht was ich aus deinem gelinden Ton machen soll,
und bin, die Wahrheit zu gestehen, noch unruhi=
ger als zuvor. Du sagst, ich müsse mich erkundi=
gen, ob mein Schulmeister auch bey andern Leuten,

oder

oder in der Schule, von solchen Dingen rede; denn das müsse ich eben nicht leiden; sonsten aber entschuldige den Mann sein gutes Herz, in Ansehung dessen, was er etwann gefehlt haben sollte, ihm Gott gewiß verzeihen würde. Warum setzest du das etwann zuerst, und das gewiß hernach? Ich bilde mir ein man müsse es umkehren; denn nach unsern Professor hat er gewiß gefehlet. Zu einer Kezerey gehören nach dem Busenbaum zwey Sachen, *Judicium erroneum* als das *materiale*, und *pertinacia* als das *formale*. *Atqui*: Der Schulmeister hat mir behauptet, die göttliche Barmherzigkeit würde über kurz oder lang alle Menschen, die einen Gott glauben und rechtschaffen leben, zu Gnaden aufnehmen; hernach sezte er hinzu: Er lasse sichs nicht nehmen, *ecce pertinacia!* *Ergo*, ist er ein Ketzer. Deine Distinction, daß der kein Ketzer sey, der bereit ist seine Meynung der Kirche zu unterwerfen, kann hier nichts gelten. Ich glaube, dieses gienge noch so an, wenn man an Kleinigkeiten z. B. an solchen, die nicht von unsern Theologen, sondern nur aus der heil. Schrift hergenommen sind, zweifelte. Aber du siehest ja wohl, daß der Schulmeister eine Sünde in den heiligen Geist begehet. Er sündiget für die Ketzer auf die Barmherzigkeit Gottes, und gegen

Sechster Brief.

gen das Ansehen unsrer ganzen Geistlichkeit. Das ist freylich noch das Beste, daß er gegen keinen Menschen sich das mindeste von dergleichen Gottlosigkeiten verlauten lassen, auch in der Schule und Christenlehre sich redlich und auferbaulich nach dem Catechismus verhält, und seine Schulkinder nichts lehret als was vorgeschrieben ist. Letzthin in den Fastnachtstagen hat er mir zwar einen Streich gespielet, der mich beynahe böse gemacht hätte, und den ich ihm kaum vergessen kann. Ich lasse alle Tage, damit die Kinder ihre Religion gründlich lernen, eines von ihnen an dem Ende der Nachmittagsschule aus des P. Cochems Legende das Leben des Tags-Heiligen laut vorlesen. Am Fastnachts-Montag und Dienstag aber brachte mein Schulmeister den oeconomischen Landwirthschafts-Calender, der zu Stuttgard im Lutherthum gedrukt ist, mit in die Schule, nahm den Buben die Legende weg, und sagte: Kinder, ich muß euch doch auch einmal etwas nützliches zu eurer Fastnachts-Veränderung lesen. Ihr seyd zur Landwirthschaft gebohren; da könnet ihr viel gute Sachen lesen und hören, die zum gemeinen Leben taugen: Er las ihnen viele Blätter selbst vor, und erklärte die Worte die sie nicht verstunden. Ich hätte vielleicht

Sechster Brief.

leicht nichts von der ganzen Sache erfahren, wenn nicht zu allem Glück die Kinder am Dienstag erst Abend um 6. Uhr aus der Schule gegangen wären. Ich fragte des Korbmachers Buben, warum so spät? Habt ihr vielleicht heute doppelte Capitel gelesen? Nein, antwortete der Bube, heute und gestern hatte P. Cochem Ruhe? der Schulmeister hat etwas mitgebracht, wo vom Ackern, vom Wetter, Gesundheit, Wiesen und so Sachen inne stund. Er wollte um 4. Uhr zu lesen aufhören; aber nur die kleinen giengen fort, und wir grossen wollten alle nicht aus der Schule gehen; so hat uns das Ding gefreut; Wir haben ihn gebeten, er soll uns noch mehr lesen; und wenn es nicht Nacht worden wäre, sässen wir noch beysammen. Wenn wir uns wohl hielten und fleißig wären, sagt er, da wolle er uns nach und nach das ganze Buch auslesen; und wer die schönste Schrift auf Ostern brächte, dem wolle er es gar schenken. So gehts, dachte ich, wenn man nicht hinten und vorne dran ist. Ich habe aber den Mann brav ausgefilzet und ihm den Calender weggenommen.

Du sagst, mein lieber Herr Bruder, in deinem Brief, ich soll mir punktenweis aufschreiben, was ich an dem Gutmann auszusetzen hätte; und dann
soll

Sechster Brief.

soll ich zu ihm gehen, und ihm in aller Höflichkeit meinen Anstand an seinem gemuthmaßten Unglauben sagen. Ja so gar, ich sey es als Seelsorger verbunden, damit ich ihm entweder von dem Irrweg helfen, oder, wenn er sich vernünftig erklärte, bey andern seinen verlezten Leumund retten könne. Ich will dir folgen; und wenn ich mich nicht irre, so habe ich dir in meinem vorigen schon geschrieben, was mir an diesem Mann nicht gefällt. Nun will ich es ordentlich zusammentragen, und Morgen Nachmittag Gelegenheit suchen mit ihm zu sprechen. O, wenn ich den Mann herumholen, und auf die gute Seite bringen könnte, ich wäre stolzer als ein chinesischer Jesuiter=Mißionarius. Und das ist viel gesagt!

Es ist Morgen Marcustag; da muß ich um 5. Uhr mit der Proceßion fort. Ich gehe mithin schlafen. Ueber acht Tage die Nachricht von meiner Zusammenkunft mit Gutmann.

Siebenter Brief.

Den 30. April 1770.

Ich habe den lieben Hrn. Bruder recht viel zu sagen. Schon seit 5. Tagen bin ich mit Herrn Gutmann in vollem Feuer; und ich wette du errathest die Situation nicht, in welcher ich mich befinde. Aber kurz und gut, ich fürchte sehr es gehe mir zulezt wie einem französischen Abbe, der Türken bekehren wollte, und sich selbst beschneiden ließ, als ihm ein Muselmann seine Frauenzimmer gewiesen. Ich muß dir den ganzen Hergang umständlich beschreiben; du wirst sehen, daß es der Mühe werth ist.

Nachdem ich von meiner Procession nach Haus gekommen, und ein wenig gegessen hatte, gieng ich zu Herrn Gutmann. Seine freundliche Aufnahme, die muntere Heiterkeit dieses Mannes, wenn er nur ein bisgen wohl ist, und da ich bereits mit ihm das Eis gebrochen hatte, gab mir mehr Kühnheit ihn anzureden.

Nach

Siebenter Brief.

Nach einigen gewöhnlichen Höflichkeiten, zu welchen ich freylich nicht so, wie er, gestimmt bin, und bey welchem nichts vom Wetter und solchem Unsinn vorkam, wie sich gemeiniglich die Unterredungen bey unsern Zusammenkünften anfangen, nicht anderst als ob wir uns zusammensetzen und den Calender verbessern wollten, sagte ich mit aller Demuth: Euer Herrlichkeit erlauben, daß ich mir die gegebene Erlaubniß, Ihnen öfters aufwarten zu dörfen, zu Nuz mache. Sie haben mir letztlich einige Scrupel in den Kopf gesezt, wegen welchen ich mir gerne die Freyheit nehmen möchte, Ihre ausführliche Meynung zu wissen. Sie sind ein gelehrter hochstudirter Herr, und ich noch ein seichter Anfänger. Es mangelt mir an allen Orten. Ich habe keine Bücher, und keine Mittel mir solche anzuschaffen; und wenn ich auch Geld hätte, so wüßte ich nicht was eigentlich für mich taugte. Indessen bin ich noch jung und lernbegierig. Ich wünschte ein redlicher Mann vor Gott, und ein getreuer Seelsorger bey meiner Gemeinde zu seyn. Es ist wahr, Dieselben erfüllen gewisse äusserliche Pflichten unserer Göttlichen = und Kirchengeboten zu jedermanns Erbauung; allein, mich dünket, Sie lassen in dem Gegentheil auch andere mitwirkende und sehr ange-

pries-

priesene Beyhülfen zu einer desto gewissern Seligkeit gänzlich ausser Acht. Insonderheit, nehmen
Sie es mir nicht übel, scheinet es mir, als ob die
Geistliche nicht allerdings viel bey Ihnen gelten.
Sie sind, hoffe ich, überzeugt, sezte ich hinzu, daß
ich nicht von meiner geringen Person rede; aber
auch Höhere und Vernünftigere von meinem Stand
glauben es. Und da ersuche ich Sie angelegent-
lichst, helfen Sie mir aus meinen Zweifeln.

Mit der liebreichsten Miene und einem überaus freundlichen Lächlen antwortete er: Ihr gutes Gemüth, Herr Pfarrer, ist es nicht das Ihnen
diese Fragen gegeben; ich kenne die Quelle, woraus sie geflossen sind. Weil ich das Unglück habe in keiner Filiation, weder mit den Kindern
des H. Francisci noch Dominici zu stehen, so
möchte unser Herr Dechant, den ich ohnehin mir
dadurch zum Feind gemacht, daß ich ihm einige-
mal unverdauliche Wahrheiten gesagt habe, gar
gerne mit seiner geheiligten Bosheit meine Ruhe
unterbrechen, wenn er nur einen blossen Flek finden könnte, wo der Haken eingienge. Dem sey
wie ihm wolle, da Sie mich ohne Falschheit, wie
ich glaube, und in Liebe fragen, so mache ich mir
eine Freude davon, mich deutlich zu erklären. Ich

warne

Siebenter Brief.

warne Sie aber, Herr Pfarrer, vor dem Aergerniß, womit Sie anfänglich meine Aeusserung anhören werden. Sie haben bisher das Glück nicht gehabt zum Selbstdenken angeführet zu werden. Was andere gedacht, das haben Sie nicht gelesen, und Ihre noch junge Jahre haben Ihnen unmöglich noch Gelegenheiten genug verschaffen können, Erfahrungen zu sammlen. Erlauben sie also, daß ich vor allen Dingen Ihnen über meinen Glauben, und dann über meine Begriffe von unserer Geistlichkeit, eine kleine Rechenschaft gebe.

Die weise Vorsehung hat mich von catholischen Eltern in einem catholischen Lande gebohren werden lassen. Beyde Umstände sind schon Ursache genug, warum ich weder ein Heide, noch ein Türk, noch ein Lutheraner oder Calviniste, sondern der catholischen Religion zugethan bin und bleibe.

Menschenkinder mit einer unsterblichen Seele, und junge Kazen mit dem Instinkt einst Mäuse zu fangen, sind in Wahrheit bey ihrem Eintritt in die Welt ziemlich von gleicher Beschaffenheit. Ein noch weicher Körper, unentwikelte Fähigkeiten, Mangel an allem, was man Begriffe heißt, und an Kenntniß dessen, was in und ausser unserm Körper ist, bezeichnen unser erstes Daseyn.

E Alle

Siebenter Brief.

Alle Sinne sind nur noch im unentfalteten Keim. Täglich aber macht die durch Gottes unergründliche Weisheit mit einfachen und immer gleichen Gesezen geleitete Natur bey allen Geschöpfen einen allmählichen Schritt. Unsere rohe Säfte gähren. Sie fordern zur Ausdehnung der Maschine einen Zusaz von Nahrung. Nach und nach werden die zum Gebrauch unserer Sinnen beschiedene Theile fester; unsere Hebel bekommen mehrere Stärke. Wir fangen an zu sehen und zu hören, aber noch ohne Nuzen für uns. Gewohnheit webt sich in unsere Natur und vertritt noch einsweilen den Abgang der Gedanken. Gewisse Stunden mahnen die kindliche Maschine an den Ersaz dessen, was der Körper zu seiner Entwiklung verbraucht hat, d. i. an Nahrung oder Ruhe. Ein wiederholtes Sehen der Objecten, die zu diesen zweyen Bedürfnissen gebraucht werden, geben die ersten Begriffe, die von aussenher in unsere Seele kommen. Die entblößte Brust der Mutter, die Breypfanne und die Wiege sind alsdann die weiteste Grenzen des künftigen gründlichsten Gottesgelehrten, scharfsinnigsten Weltweisen, des tapfersten Kriegsmanns und des einfältigsten Tölpels. Oeftere Wiederholungen eines und eben desselben Dings gewöhnen die Empfindsamkeit, den Reiz unserer

Siebenter Brief.

serer Maschine zum Verlangen zur Erwartung einer Folge, die unsere körperliche ungedachte Triebe schon mehrmals befriediget hat: Bis dahin ist mein neugebohrner Monarch der Welt mit einem jungen Käzgen noch in gleichem Verhältniß. Nun aber gehet die Kaze, die nach dem Maas ihrer Bestimmung und der Kürze ihrer Lebensjahre viel eher zur reifen Vollkommenheit gelanget, und den ihr von Gott zugetheilten Grad der Fähigkeiten zu dem Ganzen beytragen muß, auf den Kornboden unter das Dach, fängt Mäuse — spielt damit — frißt sie — macht Junge und stirbt. Ich weiche also von dem Gleichniß, und bleib in der Kinderstube.

Aber auch diese sind nach dem Unterschied der Welttheile, der Länder und des Zustandes der Eltern sehr verschieden. Der Wilde in Amerika, der Hottentote am Vorgebürge hat weniger Kenntnisse, mithin auch weniger Bedürfnisse, als der so genannte gesittete Europäer. Der Wilde lernet sein Kind nichts. Es siehet auch von ihm nichts, als was zu einem unentbehrlichen Lebensunterhalt, zu etwelcher Bedekung gegen die abwechselnde Witterung und zu Beschüzung gegen Feinde in Menschen- oder Thierhäuten nöthig ist.

Der

Siebenter Brief.

Der alte Mann, der über den Gebürgen wohnet; die Sonne, der Neumond; oder wohl gar irgend eine scheusliche Gestalt; ein furchtbarer dunkler Hain, und dergleichen, müssen das Bild einer Gottheit in die Sinne werfen; weil der Wilde ein höheres ausser ihm und seinen Sinnen wohnendes Wesen merket, aber mit den feinern Unterscheidungszeichen, die ihm in seiner an Worten und Begriffen armen Sprache fehlen, nicht ausdrüken kann. Wenn es dem Herrn Pfarrer, sagte er, einst gefällig seyn sollte, auch von diesen und andern auf dem Erdball wohnenden von uns in Farbe, Bildung und Lebensart so unterschiedenen Gattungen Menschen etwas zu lesen, will ich Ihnen mit einigen guten Reisbeschreibungen gar gerne an die Hand gehen. Sie müssen nicht glauben, daß ich Sie damit auf Zweifel und Irrwege führen oder von dem Studieren der Gottesgelehrtheit abziehen wollte. In dem Gegentheil, Sie werden dadurch die Grösse unsers Schöpfers, die mannigfaltige Verherrlichung seiner Allmacht in Millionen allerley Geschöpfe mehr bewundern, und mit einer empfindsamen Seele erkennen lernen, daß diese Werke des Schöpfers, wie sie mit uns einen gemeinsamen Ursprung haben und nach ihrem Verhältnis gleiche Gutthaten geniessen, nicht minder

denn

Siebenter Brief.

denn wir zu einem noch grössern Grad von Vollkommenheit berufen seyn müssen. Und dieses bahnet den Weg zu der menschenfreundlichsten von allen Tugenden, der Duldung.

Bey uns Europäern, denn ich will mich jezo blos auf uns einschränken, siehet das noch kaum entwikelte Kind Gegenstände, die durch öfteres Ansehen ihm gewöhnlich werden. Es höret dieselben mit einem an dem Ort seiner Geburt zum Unterscheidungszeichen angenommenen Laut, d. i. mit Worten benennen. Endlich prüfet und übet es seine Zunge diesen Laut nachzuahmen. Was das Kind nicht siehet, davon ist für dasselbe kein Begriff in der Welt, und seine ganze Kenntniß bestehet in dem was die Bilder- und Wort-Sprache durch Gesicht und Gehör einflößet. Oftmalige Wiederholungen des nämlichen Dings wirken das was man Gedächtnis nennet. Die Verbindung aber mehrerer ähnlich oder unähnlich sinnlicher Ausdrüke erzeuget abermal eine neue Modification, die mittelst Vergleichung zweyer Objecte Empfindung und Gedanke wird. Von diesen ersten sinnlichen Eindrüken in unsere noch unreife, doch mit dem Wachstum des Körpers zunehmende Seelenkräfte, hanget größtentheils unser sittliches Betragen auf die ganze Lebenszeit ab;

Quo

Siebenter Brief.

Quo semel imbuta recens &c.

Ist eine gewisse Wahrheit. Und wenn Horaz um nichts verdiente gelobet und bewundert zu werden, so hätte er es durch diese wenige Worte verdient.

Indessen hat sich das Kind an die Wohlthaten, an die Liebe seiner Eltern gewohnet. Es siehet je mehr und mehr, daß es ihnen unterwürfig seyn muß, weil sie die Macht haben ihm Zukerbrod oder die Ruthe zu geben; weil es merket, daß es, sich selbst überlassen, sich weder ernähren noch helfen kann. Es bekömmt dadurch unvermerkt eine Gewohnheit zu gehorchen, als den ersten Begriff von dem was man Macht nennet. Aus der Liebe und der Wohlthätigkeit entstehet Vertrauen, und aus einer mit diesen vermengten Macht entspringet die Folgeleistung. Beydes zusammen genommen erzeuget das Vorurtheil, alles dasjenige ohne Umstände für wahr anzunehmen, was unsere Eltern eben so angenommen haben. Hiemit verbindet sich der täglich sinnliche mithin wirksame Eindruk, daß die Kinder zu Hause beten sehen, daß man sie mit in die Kirche traget; daß man ihnen Gott Vater als den alten Mann mit dem weissen Bart auf der Weltkugel weiset; daß man

sie

Siebenter Brief.

sie auf den Altar sehen lehret; ihnen den Priester in einem reichen Meßgewand mit einem schönen Kelch und brennenden Lichtern zeiget; daß das Volk in gewissen Augenbliken entweder laut oder in stiller Bewegung der Lippen auf den Knien mit entblößtem Haupte betet; daß man dem kleinen Kind, wenn es etwas pappeln will, ein Drohungszeichen giebt, oder den Mund zuhält; und daß ein größrer Junge, der umgaft, oder mit seinen Nachbarn schwazt, von dem Aufseher ein paar Ohrfeigen bekömmt. Dieses alles zusammen genommen, mein lieber Herr Pfarrer, machet den Urstoff unsers Glaubens aus. Diese Erstlingszüge graben sich unauslöschlich tief in unsere Seele. Sie geben die Farbe, den Glanz und den Schein, den unser äusserlicher Religionsanzug bis zum lezten Fezen behält, wofern nicht durch öfteres Ausstäuben und Bürsten, durch Vernunft und Erfahrung, durch veränderte Nahrungs= Landes= oder Lebensumstände etwas davon abgenöthiget wird.

Sie haben nun die Entstehung der Religion bey dem gemeinen Mann kennen lernen. Wir wollen sie auch in ihrer weitern Ausbreitung betrachten.

Mit

Siebenter Brief.

Mit Beybehaltung des täglich häuslichen Bey=
spiels und der zur andern Natur gewordenen Nei=
gung wird das fünf oder sechsjährige Kind dem
Schulmeister und dem Pfarrer zur Unterwei=
sung auf den Hals geschoben, damit es nur auf
einige Stunden von der Gasse oder aus des Va=
ters Haus komme, weil seine Munterkeit, seine
lebhafte, durch die gütige Natur als ein Entwik=
lungsmittel vorgeschriebene Bewegung, die man
gewiß misbräuchlich und unbarmherzig eine Wil=
digkeit nennet, den Leuten zuviel Lermen machet.
Da sizet und schwizet das Kind über dem Auswen=
diglernen des Catechismus, der Glaubenslehren,
der Geheimnissen und vieler heil. Worte, von dem
allem es nicht das mindeste versteht, und bey wel=
chem nur gar zu oft der Schulmeister, dem eigent=
lichen Begriff nach, keinen andern Vorzug vor
dem Kind hat, als daß er es schon 30. Jahre eher
auswendig hersagen konnte. Da der Lehrer, da
der Pfarrer (ich bitte sie um Vergebung; denn
ich rede nicht von allen) von dem was eigentlich
den Glauben ausmacht, nämlich von Geheimnis=
sen und denen unsern schwachen Verstand über=
steigenden grossen Grundwahrheiten, selbst nichts
als umnebelnde Auslegungen weis, so sind beyde
zufrieden, wenn das Kind nur die Worte hersa=
gen

Siebenter Brief.

gen lernet: Um das verstehest du auch was du liesest? bekümmert man sich wenig. Wollte es um etwas fragen, so würden ein Paar Ohrfeigen, oder sonst eine auf die Nasenweisheit gesezte Strafe, die Stelle der Auslegung vertreten, und demselben also durch ein *argumentum baculatorium*, der Verstand geöffnet werden. Aber das Kind ist so klug und fragt nichts. Es denkt nur immer auf den Glokenschlag, der es vom Schulkerker losmachet und in die seinen Jahren so angemessene Freyheit sezet. Oft wiederholte Handlungen und oft ausgesprochene Worte, wobey das Kind ganz nichts denkt, werden also zur gewohnten Eigenschaft; die Begriffe bleiben besonders über das unbegreifliche Wesen der Gottheit an körperlichen Bildern angeheftet. Sie sind wahre Anthropomorphiten. Der Bauernjunge mahlet sich den dreyeinigen Gott im Geist und in Gedanken gerade nach dem Altarblat, nur daß er sich alle drey Personen lebend vorstellet, und den für uns unermeßlichen Raum, den wir an heitern Tagen blau sehen und Himmel nennen, als ein festes Gewölbe betrachtet, über welchem es Gott und allen Heiligen ihre Wohnung anweiset, die hundertmal schöner sind als des Edelmanns Schloß, oder die Pfarrkirche, wenn sie am schönsten

aus=

ausgezieret ist. Die Bücher, die der catholische Bauer am liebsten lieset, weil sie was Wunderbares und Ungewohntes enthalten, sind die Legenden der Heiligen. Da findet er, daß P. Cochem mit lauter sinnlichen Bildern himmlische Häuser, Gärten, Spaziergänge, Gastereyen, und Gesellschaften beschreibet — und was das beste ist, so findet sich kein Wirth, der die Zeche macht, sondern es alles frey und umsonst. Kein Amtmann der Geld fordert. Kein Akerbau der Arbeit erheischet. Keine Jagd, kein Frohnen, kein Wildschaden, sondern es stehen lauter Feyertage im Calender; und der Edelmann, dem er ohnehin den Himmel nicht gönnet, hat auf das äusserste, wenn er ja dem Teufel entwischet, doch nichts zu befehlen. Es ist in der That ärgerlich, daß die tröstlichsten Wahrheiten unsrer H. Religion unter so unwürdigen Bildern vorgestellt und lächerlich gemacht werden. Und vergeben Sie mir, Sie Geistliche haben einen eben so verdorbenen Geschmak. Erst gestern begehrte ein Mann ein Almosen von mir, der auf einem halben Bogen 5. schöne geistliche Lieder gedrukt verkaufte. Es ist erbärmlich, zu was für schlechten und äusserst elenden Begriffen darinnen heilige Wahrheiten erniedriget werden. Nehmen Sie hier denselben nach Hause,

und

Siebenter Brief. 75

und lernen Sie solche Gedichte verabscheuen. Nur zur Probe will ich Ihnen eine einzige Strophe lesen:

4. Sollt etwann ein Fasttag (in dem Himmel
   nämlich) ankommen,
   Die Fische für Schreken erstummen:
   Da laufet St. Peter
   Mit Nezen und Kette
  In himmlischen Kerker hinein;
   Willst Karpf, Hecht und Forellen,
   Aal, Krebse, bestellen?
   Auf Lorenzen Rost müssen
   Ihr Leben einbüssen;
   St. Martha die Köchin soll seyn.

Solches Zeug nennet ihr Herrn geistreiche Lieder, und duldet sie unter diesen Namen. Haben unsere Glaubensgegner Unrecht, wenn sie uns auslachen?. *)

Auf

---

*) Und noch bey diesen aufgeklärten Zeiten hat man in Baiern und Schwaben so elende Kirchenlieder. Will man bessere einführen, schreyt man über Religionsverfall, und bewegt Himmel und Erde darüber. 1776. kamen in Baiern vortrefliche Kirchenlieder unter dem Titel heraus: Der heilige Gesang. Sie wurden von allen Ordinariaten gut geheißen, vom Landesherrn anbefohlen. Fast alle Geistliche, besonders die Bettelmönche, und mit ihnen alle dumme Anhänger derselben widersezten sich.

Siebenter Brief.

Auf dem Michelsaltar und dem Beinhäuslein sammlet er sich hingegen das Bild der Hölle, und des Fegfeuers. Der Teufel mit der rothen Zunge, knottichten Schwanz, ledernen Flügeln, braunen Haut, feurigen Augen, Hörnern und Drachenklauen; das höllische Feuer, wo die halbgeröstete Seelen in Verzweiflung Qual haben, und nach besagtem Hochw. P. Cochem wieder in Eismeer bis zum Erfrieren abgekühlet werden. Die ekelhafte Kost von Schlangen und Ungeziefer und f. w. halten ihn vielleicht manchmal von dem Ausbruch grober Laster zurük; doch denkt er auch: Davor kann ich mich bewahren, wenn es nur hier auf der Welt der Amtmann nicht erfährt. Und was meynen sie, was er für wichtige Gegengifte habe? Der P. Carmeliter hat ihm bey dem Termin ein Scapulier gegeben; der Capuciner eine Teufelsgeisel; bey den Dominicanern ist er in der Rosenkranzbruderschaft; und bey den Augustinern in der Monica Gürtel, wer will den verachten? Und das ist noch nicht einmal alles. Ich, denkt er, beichte auf Portiuncula. Ich bete die Brigittencrone, und dann kann ich alle Teufel auslachen. Unser Land ist dabey so mit Wallfarten übersäet, daß sie einander selbst an dem Opfer wehe thun. Und da neben dem jedes Kloster oder jede Pfarrey

Siebenter Brief.

rey das wunderthätigste Bild haben will, so glaubt der Bauer schon auf ewig gerettet zu seyn, wenn er neben dem jährlichen Gang nach Einsidlen noch alle Quartal eine kleinere Wallfart besuchet.

Alles was ich Ihnen, mein lieber Herr Pfarrer, hier ein wenig weitläufig daher erzähle, ist nicht als wenn ich glaubte Ihnen was Neues gesagt zu haben; aber es sind Wahrheiten, derer Sie mir keine einzige läugnen werden. Und ich wollte Ihnen nur damit beweisen, daß die Vorurtheile unsers Geburtsorts, der Erziehung, und so wol der elterlichen als landesherrlichen Gewalt die Materialien sind, woraus sich der feste selten bewegliche Thurm unserer Religion bauet. Ja ich bin auf alle Weise überzeugt, daß, wenn auch jemand aus Nebenabsichten seinen Glauben gegen eine Heyrath, Dienst, oder Befreyung, oder Minderung einer Strafe vertauschet (denn einen uneigennüzigen Proselyten habe ich auf der Welt auffer ein Paar wahnwizigen nicht angetroffen *) er

gar

---

*) In Baiern hat man sogenannte Converditencassen, wozu die Gotteshäuser jährlich beytragen müssen. Blos liederliche Protestanten laufen dahin, convertiren dem Geld zu lieb, und dieß manchmal öfters, betteln sodann, und fallen dem Publico zur Last. Wenn in protestantischen Ländern Convertitencassen wären, würden eben so viel Convertiten dahin laufen.

gar oft geheime Vorwürfe bey sich empfindet, die blos maschinenmäßig von dem Kreislauf einer von Zeit zu Zeit wiederkehrenden Idee, oder den ehemaligen Jugendgewohnheiten entstehen, nun aber der Versuchung des leidigen Satans beygemessen werden.

So wie Sie und ich, und jeder in der catholischen Religion erzogener Mensch denket und empfindet, so fühlet auch die nämliche Gewalt des Vorurtheils der Lutheraner, der Calvinist und der Anhänger mancherley Secten; nur mit dem Unterschied, daß der gemeine Mann unter ihnen durchaus besser unterrichtet ist. Von Türken, Juden und Heyden will ich jezo nichts sagen.

Fortsetzung des siebenten Briefs.

Meine Eltern, welchen ich für Leben und Erziehung meiner Kinderjahre danke, waren aus dem bürgerlichen Mittelstand, gar nicht reich, und ihre kleine Handelschaft mit Tuchwaaren erlitt einen unwiederbringlichen Verlust, als ich noch in der niedern Schule unsers Städtgens alles dasjenige lernte, was ich eben erzählt habe. Der Kummer über den verlornen Credit, und die Sorge, vier Kinder dem Hunger zu entreissen, drükten meinen sel. Vater in das Grab. Meine Mutter raste

den

Siebenter Brief.

den geringen Rest ihres Vermögens zusammen und zog mit uns auf das Land. Meine saubere Handschrift veranlaßte den Amtmann von K... mich dann und wann zum Aushelfen zu gebrauchen, bis er mich endlich gar in sein Haus aufnahm: Sein Schreiber, der ohne das seine zwey Söhne im Latein zu informiren hatte, ließ mich gegen geringe Dienstleistungen, aus Gutherzigkeit, den Unterricht mit geniessen. Ich kam als Aufwärter, und wegen meinem Wohlverhalten endlich als Aufseher, mit diesen beyden Knaben in die Stadt. Alles was ich hoffen, und meine Mutter wünschen konnte, war, daß ich es so weit bringen möchte in den Orden des heil. Francisci aufgenommen zu werden. Aber die Jesuiten, die meinen Fleis, mein stilles Betragen, und eine gewisse leicht fangende Fertigkeit an mir merkten, empfahlen mich als einen *pauperem* zum *præceptore* einiger Studenten niederer Schulen. Der Vater des einen war ein Advocat. Dreymal in der Woche hatte ich bey ihm die Kost. Der Mann war ein Phönix seiner Zeit, gelehrt, ehrlich und friedliebend. Er gab mir oft seine Arbeiten abzuschreiben, und eben dadurch hatte ich das Glük, ihm bekannter zu werden. Er erlaubte mir einen freyen Zutritt in seine Bibliothek. Da fand ich zum erstenmal, daß es in
der

der Welt Leute gegeben, die anderst als ehemals mein Schulmeister, Pfarrer und Amtmann, und jezo mein P. Professor gedacht. Ich fiel mit Begierde auf die historischen Werke eines gewissen Hübners. Die in den Jesuiterschulen gewöhnliche *Rudimenta historica* litten dadurch bey mir einen starken Abfall. Zunächst bekam ich einige philosophische Bücher von einem zwar protestantischen Wolf in die Hände. Wie sehr wurden nicht da meine Bisgen Begriffe geläutert; mein natürlicher Hang zum Nachdenken befördert; meine Ergottereyen, worauf ich mir so viel eingebildet, verwiesen, und, was mich staunen machte, mir bewiesen, daß man in unserer Muttersprache ohne lateinische Beyhülfe, und ohne aristotelische Spizfindigkeiten, philosophiren könne. Ich will dem Herrn Pfarrer nicht mit Erzählung aller Bücher, die ich damals gelesen und die mir den Schulstaub abgewischt haben, beschwerlich fallen. Man hat seitdem jungen Leuten mittelst noch besserer Bücher alles noch mehr erleichtert. Wollen Sie, so stehen Ihnen die meinigen, nebst einer treuen Anweisung zu Diensten.

Ich halte mich überzeugt, daß alle Menschen verbunden sind ihre Kenntnisse zu verfeinern, und

daß

Siebenter Brief.

daß das zuverläßigste Mittel darzu das Lesen guter Bücher sey. Nur sollte sich ein jeder vorzüglich an die Classe halten, die seinem Genie und erlerneten Nahrungsgeschäften am angemessensten ist. Dem Bauren z. E. sollte man die landwirthschaftliche, nicht in weitläuftigen ganz Alphabete übersteigenden Bänden, sondern nach Art der weisen Zürcher-öconomischen Gesellschaft in kleinen doch saftigen Auszügen, wohlfeil in die Hände liefern. Durch den Allgemeinen Oeconomischen Stuttgarder-Calender ist so etwas geschehen. Hernach hat schon vor etlichen Jahren ein wakerer und gewiß vernünftiger Benedictiner in der N. A. O *** ebenmäßig damit den Anfang gemacht; allein es blieb bey dem ersten Versuch. Ich habe noch etwas an Schriften der Art auszusetzen. Sie sollten nämlich nur auf Erfahrungen eines geschickten Mannes im Land gegründet, und nicht aus englischen oder französischen Büchern ausgeschrieben seyn. Wenn ich ein grosser Herr oder meine Glüksgüter darnach beschaffen wären, so wollte ich mir zwey bordirte Kleider im Jahr weniger machen lassen, und für das Eine einen braven Landwirth besolden, der mir, in einem für männiglich begreiflichen Ton, Ackerbau und Wirthschafts-Erfahrungen schriebe;

F für

für das andere wollte ich sie druken lassen, und meine Beambte müßten sie mir meinen Unterthanen umsonst austheilen. Besonders aber sollten die Schulmeister wochentlich zweymal ihre Jugend daraus lesen, lassen, um ihnen neben dem christlichen auch einen Nahrungs=Catechismus in den Kopf zu bringen.

Aber ich merke, daß ich ausschweife. Ich wollte Ihnen nur zu erkennen geben, daß ich durch vernünftigere Bücher mich von meiner in hohen und niedern Schulen gelernten Disputirkunst und dem alten Schlendrian losgewikelt habe. Mein Advocat empfahl mich einem adelichen Herrn, dem er einen Proceß bediente, als Hofmeister seines wakern Sohns, den er nach Strasburg schikte. Wir blieben 3. Jahre daselbst. Ich lernte da die französische Sprache; und ärgern Sie sich nur nicht, wann ich ihnen gestehe, daß ein protestantischer Geistlicher, der den dritten Stok unsers Miethhauses bewohnete, mir unsäglich viele Liebe erwiesen, so daß ich seiner Leitung in den schönen Wissenschaften das Meiste, was ich verstehe, zu verdanken habe. Bey unserer dreyjährigen vertrauten Freundschaft war keine einzige Minute zu Religions=Gesprächen gewidmet. Ja, ich war und

blieb

Siebenter Brief.

blieb den wahren Grundsäzen unsers Glaubens so
getreu, daß ich Mühe genug hatte, mich nur von
einigen kleinen unnüzen Aberglauben, die noch mit
der Muttermilch in meinen Adern umrolleten, los-
zumachen.

In Strasburg lernete mich der Bruder unsers
gnädigen Herrn, der Domincapitular von A**
kennen, und durch ihn kam ich zu seinem Nepoten,
den ich 7. Jahr auf Universitäten und Reisen begleitet habe. Ein halbjähriger Aufenthalt in Rom,
glauben Sie mir Herr Pfarrer, hat mich mehr in
der Lehre unsers Glaubens irre gemacht, als drey-
jährige Studien in Halle, mitten unter den gelehrtesten Leuten, die unsere Geistlichkeit verkezert. Ich
hatte daselbst das Glük mit vornehmen Prälaten
umzugehen, und berühmter Advocaten Schreibstu-
ben oft zu besuchen. Wer da gut catholisch bleibet,
und, ohne Zweifel und Scrupel zu bekommen verdauen kann, wenn

— — — — — — — — —
— — — — — — — — —
— — daß der H. Geist um paar — —
— — — — — — und der heiligste
— — — — — — — —

— Christi von der Schmach — — —
Vaterlandes den best — — — — *)

Achter Brief.

Den 4ten May 1770.

Ich fahre nun fort, dir meine Lehrstunden bey Herrn Gutmann ordentlich abzuschreiben. Denn so bald ich von ihm nach Hause komme, ist es meine erste Sorge, unsere ganze Unterredung, oder vielmehr seine freundschaftlichen Collegien, zu Papier zu bringen. Hier empfängst du wiederum ein Stück; ich weiß nicht ob es lang oder kurz ausfallen wird.

Herr Gutmann ermahnet mich immer die Pflichten meines Pfarramts auf das strengste auszuüben, und dieselben nebst der Menschenliebe allen andern Be-

---

*) Ich bedaure sehr, daß es mir schlechterdings unmöglich gewesen einen zusammenhangenden Verstand aus dem Beschluß dieses Briefs zu ziehen. Die Magd hat ihr Mieder gerade in diesen Brief eingepakt, und die Haken desselben haben ihn so übel zugerichtet, daß er theils ganz durchgekkt, theils so gefärbet worden, daß man nur hier und da ein paar Worte herausbringen konnte; welche ich auch pflichtmäßig hergesetzet habe.

Achter Brief.

Beschäftigungen vorzuziehen. Er sagt immer: Herr Pfarrer, Sie sind ein Soldat des geistlichen Regiments; keine Gesetze sind schärfer als die militarische. Werde ich ungefehr mitten in der Unterredung von dem Schulmeister zu einem Kranken, oder sonstigen Kirchengeschäfte gerufen, und bezeuge Lust nur bis zu dem Beschluß einer Periode zu bleiben, so redet er um alles in der Welt kein Wort mehr. Auf den Posten Herr Pfarrer! Wenn Sie fertig sind und abgelöset werden, dann gehören Sie sich selbst wieder; jetzo sind Sie nicht ihr eigener Herr; Sie gehören dem gemeinen Wesen, der Menschlichkeit, dem Dienst Ihres Nächstens. Und da muß ich eilends fort. Komme ich wieder, so empfängt er mich freudig, und es ist als ob ich niemals abwesend gewesen wäre.

Was sagst du denn lieber Herr Bruder zu der Abschilderung, die er mir letzthin von Rom gemacht hat? Sollte man es wohl glauben können? Doch hat er mir aus dem Suarez, dem Laymann, Toler, Diana, Rossignol gleich die Stellen aufgeschlagen, welche beweisen, daß mittelst einer einzigen Distinction keine Simonie mehr möglich sey. Und es ist auch wahr. Ich kaufe ja den H. Geist nicht; den habe ich schon,

weil

weil ich sine tonsura nicht fähig wäre ein Beneficium zu besizen. Es ist nur eine Retribution für zeitliche Einkünfte. Wohl eine schöne Sache um den Probabilismum! Innocentius XI hat es zwar, wie mir Herr Gutmann bewiesen, schon Ao. 1679. int r propositiones damnatas Num. 45. und 46. gesezet. Aber man ist nicht schuldig alles zu wissen, und der Unwissende sündiget nicht; der Wissende aber hat approbirte Theologen, die die das Gegentheil behaupten. Mich bekümmert es überhaupt am wenigsten — Keine bessere Pfarre bekomme ich nicht; wenn ich nur den Schloßjehenden wieder hätte!

Nun das ist wahr, das war ein ausschweifender *Introitus*. Jezt zum Haupttext: Als ich des andern Tags zu Herrn Gutmann kam, sagte er: Wir sind gestern dabey stehen geblieben, daß ich Ihnen meine wenige Gedanken erkläret, warum ich behaupte, daß 96. von 100. Christen ohne alle Untersuchung gerade das glauben, was ihr Geburtsort, Eltern, Schulmeister und der Geistliche glauben. Bey uns ist alles darauf eingerichtet, daß es nicht anderst gehen kann. Man lernet mit Mühe in der zarten Jugend gewisse Säze, und diese kommen bey einer jeden dargebot-

tenen

tenen Gelegenheit wieder in unser Gedächtnis. Man wird gelehret, daß Selbstdenken nachtheilig, ja höchstschädlich, und eben deßwegen verdamt sey. Um diesem sonst befremdenden Gesez ein Ansehen zu geben sagt man: Der leidige Satan ist es der solche Gedanken eingiebt: Die Kirche stehet nun bald 1800. Jahre: Wer sie nicht höret, ist ein Heid und Zöllner: Unsere Vernunft ist schwach und durch die klägliche Erbsünde mehr zum Bösen als zum Guten geneigt: Weil nicht jedermann die Fähigkeit, die Mittel, die Zeit und den Beruf hat nachzudenken, so haben jene für uns gedacht, die der heil. Geist darzu ausersehen hat; haben sie schon keine geschriebene Vollmacht und Beglaubigungsbriefe ihrer Unfehlbarkeit aufzuweisen, so muß doch alles wahr seyn, weil es die catholische Kirche, deren Glaube nicht abnehmen kann, für wahr annimmt. Der Politicus betrachtet die Sache auf einer andern Seite. Religion, sagt er, müssen wir wenigstens im Aeusserlichen wegen guter Ordnung, und das Volk im Zaum zu halten, haben. Will der ehrliche Mann ruhig leben, seinen guten Namen behalten, Brod, Dienst und Nahrung erwerben, seinen Kindern einen Stand und Bürgerrecht, nebst Haab und Gut beybehalten, auch nicht in das Elend verjagt werden,

Achter Brief.

den, ja in gewissen Ländern nicht Leib und Leben verlieren, so muß, so darf er nichts anders glauben und thun, als was auf den Wildstamm seines Gehirns durch Eltern und Lehrer gebelzet worden, und was durch Geseze und angenommene Gleichheit in dem Kreis der Gesellschaft, darinnen er lebet, üblich ist.

Sie fragen mich, ob denn die andern Religionsverwandte von allem Zwang und Vorurtheilen ganz frey seyen? Ich glaube, nein! Sie hangen so fest, als wir, ihren in Fleisch und Blut verwebten Vorurtheilen an. Aber wir wollen es ihnen um so weniger übel nehmen, da wir einen guten Theil mehr, und sie neben dem ganz unläugbar noch zu dem ihrigen Verstand haben; so daß wir Alt- und gutcatholische die in unsere Kirche durch die Länge der Zeit in Nebensachen eingeschlichene und durch die geistliche Uebermacht fortgepflanzte Mängel nicht läugnen können. Denn daß dergleichen vorhanden gewesen, haben die Constanzische, Baselische und Tridentinische Kirchenversammlungen deutlich genug bewiesen. Ob sie, wie man sagt, um den Rok auszubürsten gar das Tuch zerrissen haben, lasse ich Gott und ihrem Gewissen über. Sie bleiben aber immer

Achter Brief.

mer meine Brüder, meine Nebenmenschen, die zu meiner Liebe oder Hülfe berechtiget sind. Wer das menschliche Herz, unsere Temperamente, und die Macht der Eigenliebe kennet, der wundert sich nicht, wann ein anfänglich einfacher Satz durch die Widersprüche des Gegentheils zu übertriebener Hitze verleitet, und durch den Stolz des Rechthabens in unzählische Nebenzweige vertheilet wird. Soll ich aber darum meinen Nebenmenschen hassen, verfolgen und verdammen, weil er in einer Sache nicht mit mir gleich denket? In einer Sache, die weder er noch ich untersucht haben, die zum Theil unbegreifliche Geheimnisse enthält, und die wir beyde andern gutherzig nachglauben und nachsprechen.

Bey allen drey in unserm Vaterland durch den Westphälischen Frieden verbürgerten Religionen, haben sich die meisten Theologen schon von Anbegin der so sehr zu bedauernden Spaltung die leidige Freyheit genommen, aus Schimpfen und Schmähen gegen die Reformation oder den Pabst mit den gröbsten persöhnlichen Anzüglichkeiten, einen bündigen Beweis für die Lehre zu machen. Sehen Sie da, Herr Pfarrer, sagte er, (indem er mir die *Columnam & Firmamentum*

veri-

veritatis des P. Razenbergers, eines Theologen aus dem Franciscaner-Orden, auf der 160. Seite aufgeschlagen), daß ich die Wahrheit rede. Wie ist nicht da Lutherus und Calvinus auf das gröbste und ehrenrührigste mitgenommen; und zwar was den leztern betrifft, sich auf das Zeugniß eines lutherischen Theologen, des D. Schlüsselbergs, in seiner *Theologia Calvinistarum* berufen. Wie sehr bemühen sich aber auch in dem Gegentheil die Protestanten, aus unserm sichtbaren Oberhaupt der Kirche nichts geringers als den Antichrist zu machen. Vernünftige, in der Kirchengeschichte bewanderte Catholiken werden freylich nicht läugnen wollen, daß wir unter mehr als dritthalbhundert Päbsten auch einen Sabinianum, Stephanum VII. Christophorum, Sergium III. Joannem X. XII. & XIII. Bonifac. VII. & VIII. Benedict. IX. Innocentium VIII. besonders aber Alexand. VI. zählen, die, selbst nach dem Geständniß der Geistlichkeit, nicht den besten Namen nach sich gelassen haben. Ich könnte als ein Laie, der das Brevier nicht betet, aber die Geschichte mit einem unparteyischen Auge lieset, dieses Register vielleicht noch mit einem Duzend vermehren, und der Heiligsprechung unbeschadet Gregor. VII. den Reihen führen lassen;

Achter Brief.

sen; allein, ich sehe nicht, was dieses alles der Grundveste christlicher Lehrsäze für einen Nutzen oder Schaden bringen könne. Es kömmt meines Erachtens nicht auf Personen, sondern auf Sachen an. Wir werden den Streit aus der blossen Vernunft schwerlich entscheiden, da eine so grosse Menge der gelehrtesten Männer sich ganze Jahrhunderte hindurch mündlich und schriftlich bemühet haben einander zu überzeugen, wobey sich mit heischern Hälsen und stumfen Federn am Ende ein jeder den Sieg beygemessen, und von seinen Anhängern hat zujauchzen lassen. Ich habe noch nie ohne Thränen die Beschreibung jener Verheerungszeiten lesen können, in denen man das christliche Gesez der Liebe mit dem Degen in der Faust geprediget, wo ganze Nationen in Waffen, in Wuth, in Strömen von Bürgerblut den Beweis des wahren Glaubens gesucht, wo die heiligste Naturpflichten dem übertriebenen Fanatismus haben weichen müssen. Gott sey gedanket, daß diese Zeiten vorbey sind; wir wollen aber immerhin bitten, daß er sie nicht mehr wolle kommen lassen. Und darzu mein lieber Herr Pfarrer gehöret, darf ich es sagen, ohne daß Sie davon laufen? „Eine Um„schaffung des grösten Theils der Geistlichkeit in al„len drey Religionshaufen."

Ich

Achter Brief.

Ich kann mir nicht helfen; aber ich finde in unsern Geistlichen fast nichts mehr von jenem wahren Unterscheidungszeichen, unter welchem sie uns die Kirche in den ersten Jahrhunderten mahlet. Wir haben in den Sendschreiben des Smyrnischen Bischofs St. Polycarpus an die Philipper vom Anfang des zweyten Jahrhunderts die Vorschriften: „Daß die Priester und Diaco„ni, neben andern Tugenden, zärtlich und mitlei„dig gegen jedermann ohne Ausnahm seyn sollen. „Man verlangt von ihnen, daß sie die Irrende „mit Liebe zurükführen, die Kranke besuchen, die „Wittwen, Waisen und Arme nicht vernachläs„sigen, sich von allem Zorn entfernt halten, durch „niemand sich zu ungerechtem Urtheil einnehmen „lassen, und den Geiz fliehen sollen. Er will, „daß sie nicht leicht von ihrem Nebenmenschen et„was Böses glauben, nicht zu streng seyn, son„dern bedenken sollen, daß wir alle Sünder sind. „Betet, spricht er, für die Könige, Fürsten und „Gewaltige; für die, welche euch verfolgen und „hassen. Auch für die Feinde des Creuzes, da„mit die Früchte euers Glaubens der ganzen Welt „offenbar seyen ꝛc." Der H. Polycarpus, als ein Schüler des Evang. Johannes, konnte doch wissen, wie die Geistlichen und Seelsorger nach

der

Achter Brief.

der Lehre Christi und seiner Apostel beschaffen seyn müßten? Ohne jemanden zu nahe zu treten, (denn es giebt allerdings Männer, die dem Apostolischen Amt Ehre machen), darf man doch wol sagen, daß sie dünne gesäet sind, und hier und da ein Paar Schwalben keinen Sommer machen.

Die Ursache davon ist nicht schwer anzugeben. In der ersten Kirche wurde der geistliche Stand noch nicht handwerksmäßig zu einer abgesonderten, den Laien entgegengesezten und so weit vorgezogenen Zunft gerechnet. Die Bischöffe suchten zu Bestellung des Presbiterii erfahrne und bereits in dem Glauben bestärkte Männer (*Seniores*) aus. Der Beruf wurde in ihrer Weisheit gesucht, und nicht, wie jezo, durch einen Vater oder Mutter bereits ein Sohn in der Wiege bestimmt. „Du „unreifer Thiermensch sollst ein Kirchenlicht wer„den! Ich lasse dich geistlich studieren, und dann „will ich schon etwas in gut bekannten Wegen „dran wenden, daß du Seelen-Beherrscher eines „ganzen Dorfs werden sollst." Es ist zwar wahr, mit abgelebten und greisenmäßigen Pfarrern wäre uns auch nicht gedienet. Der H. Augustin sagt schon: *Sane etiam grandioris aetatis, & sicut scriptura loquitur, plenum dierum posse dici seniorem*

rem h. e. presbyterum, non omnis presbyta etiam senex &c. Aber nach heutiger Mode hat man es damals gewiß nicht verstanden; daß ein Pürschgen von kaum 24. Jahren, das mit Noth einige lateinische Schulen durchgelaufen, seine Schulbücher noch nicht recht versichet, und von der unbändigen Hitze seiner jugendlichen Leidenschaften noch beherrschet wird, einem Haufen vernünftiger und bärtiger Christen unsere unaussprechliche Geheimnisse verdollmetschen, und Lehren, die über alle menschliche Vernunft sind, mit einer stolzen Kühnheit, als ob er sie verstünde, und der man überdas nicht widersprechen darf, vortragen soll.

Glauben Sie mir, Herr Pfarrer, ich bin meinem ererbten catholischen Glauben aus Schuldigkeit und Ueberlegung gewiß getreu. Ich weiß z. E. daß ich dem Priester meine Todtsünden reumüthig bekennen und offenbaren muß. Ueber die Ursachen, welche unsere liebreiche Mutter, die Kirche, gehabt, dieses Gesez in strenger Ausübung zu erhalten, verfallen unsere Glaubensgegner auf mancherley übertriebene Anschuldigungen. Es ist schon so hergebracht, daß man das Kind mit dem Bad ausschüttet. Aber da mich mein vernünftiger und
gründ-

Achter Brief.

gründlich untersuchender Fleury in der vor dem VIII. B. s. Kirchengeschichte stehenden Dissertation belehret, daß in den ersten Jahrhunderte niemand zur Beicht und Buße gezwungen worden, sondern man dieselbe nur denen heilsamlich angedeihen lassen die sie verlangt haben; daß die Kirche dabey mit aller Sanftmuth und Liebe zu Werk gegangen, welche sie so gar den Heiden liebenswürdig gemacht habe; daß man die Buße als ein Heilungsmittel gegen den ewigen Tod angesehen, und erst in spätern Zeiten, als die Kirchenzucht durch die Unbiegsamkeit des Volks, und Unwissenheit und Schwäche der Seelsorger abgenommen, auf strengere Mittel verfallen, mithin endlich in der IV. Lateranensischen Kirchenversammlung Ao. 1215. das allgemeine Gesez der österlichen Beicht und Communion als ein Kirchengebot eingeführet; so bin ich in meinem Gewissen überzeugt, daß man in denen damaligen Zeiten der Unwissenheit, in welchen alle Wissenschaft, Lesen und Schreiben mit gerechnet, lediglich auf den Geistlichen beruhete, sich der Beicht als eines Mittels bedienen wollen, wenigstens einmal im Jahr dem unbesorgten Sünder Gelegenheit zu verschaffen, sich bey seinem gewöhnlichen Beichtvater Raths zu pflegen, von diesem aber, der in Glaubenssachen bes-

ser

ser als der unbelehrte Laie bewandert war, einen heilsamen Unterricht zu holen. In der nämlichen Kirchenversammlung findet sich deßwegen auch die bessere Einrichtung der Schulen für Geistliche und Arme ernstlich befohlen. Es heißt aber weiter, daß man von niemand als seinem gewöhnlichen Seelsorger, oder nicht ohne dessen ausdrückliche Erlaubnis von einem andern absolviret werden könne. So sehr ich also diese heilsame Verordnung verehre, weil sie auf die Belehrung des unwissenden, auf die Stärkung des wankenden, und sanftmüthige Bekehrung des irrenden Sünders gerichtet gewesen, und sich auf die männliche wohl belehrte Erfahrung des seine Schaafe kennenden Hirten gründete: Eben so wundersam muß es nun bey ungleich mehr aufgeklärten Zeiten einem gestandenen, in Jahren, Studien und Weltkenntnis zur Reife gediehnen Mann vorkommen, daß er das innerste seines Herzens, seine Schwachheiten und die Blöße der menschlichen Neigungen, die sonst die Schamhaftigkeit in Worten auszudrüken verbietet, einem unerfahrnen, mit eben solchen, oder vielleicht noch ärgern Sünden beladenen, noch von der ungestümen Hize seines gährenden Temperaments beherrschten Jüngling und verkleideten Bauernbuben, hersagen, auf seine indiscrete Fragen

Achter Brief.

gen antworten, und mit gedultiger Demuth sich von diesem unreifen Gelbschnabel erbärmliche unsäftige Lehrstüke herplaudern lassen muß. Es ist wahr die Kirche will, wir sollen im dem Beichtvater nicht die Person sondern sein Amt und übertragene Gewalt verehren; allein, sie hat eben darum auch gebotten, daß dieses Amt nur *senioribus in sapientia* anvertrauet werden soll. Prüfen Sie sich selbst Herr Pfarrer; finden Sie, daß ich zustrenge urtheile? Wie mag Ihnen oft zu Muth seyn, wenn Sie von ungefehr jemand mit einer Frage, mit einer Sünde, mit einem Zweifel überraschet, wovon Sie gar keine Idee haben? Man nimmt ja zu einem Gerichtsverwalter und Bauern=Schulzen so viel möglich ausgesuchte Mannschaften und erfahrne Leute, bey denen es doch nur auf zeitliche Güter ankommt; und wo dieses Gericht noch mehrern Oberrichtern unterworfen ist. In dem Tribunal des Gewissens aber, wo es um die unschäzbare Seligkeit zu thun ist, soll ein einziger Jüngling, der oft weniger als ein mittelmäßiger Bauer versteht, allein Rath und Urtheil sprechen? Verstehen Sie mich wohl Herr Pfarrer! Ich bestreite deßwegen nicht, daß die Kirche in ihren Säzen nicht recht habe. Ich unterwerfe mich ja dem Gebot selbst; sondern ich

Achter Brief.

ich sage nur nach, was und wie ein Fleury spricht. Es ist nur ein Wunsch zur Verbesserung dessen, was unsere Religion mehr heiligen könnte. Dem ungeachtet bin ich doch noch mit unsern Weltgeistlichen mehr als mit den Mönchen zufrieden.

Was dermalen der Pfarrer verrichtet, das war in alten Zeiten das Amt des Bischofs. Weit über die Hälfte der ersten tausend Jahren unsers Kirchenalters waren die Diöcesen klein, damit ein einziger Mann ihr wohl vorstehen und seine ganze Gemeine durch sich selbst kennen möchte. Der Bischoff allein predigte und lehrete. Er hatte zwar auch Priester; allein nur zur Aushilfe, zu etwelcher seiner Erleichterung, wann er abwesend seyn mußte oder krank war. Nur im Nothfall übertrug er ihnen die Zwischenbesorgung seines väterlichen Amts. Diese Priester waren zugleich seine Räthe, und machten das Kirchengericht aus, weil ihre Weisheit, ihre Gelehrsamkeit in geistlichen Dingen, und ihre Erfahrung sie zu dieser Würde durch mehrere Stufen erhoben hatte. Denn damals wurden noch nicht von einem Quartal zum andern die Ordinationen so eilfertig beschleuniget, nur damit der zu einer Pfarrey oder zu einer geistlichen Pfründ be=

Achter Brief.

beförderte geschwind in deren Genuß komme; sondern viele Jahre giengen oft vorbey bis ein Mann alle Grade durchgedienet, und dann mittelst seiner Verdiensten und Erfahrung zu der Priesterwürde, als ein Gehülfe des Oberhirtens tauglich befunden wurde, ja oft darzu genöthiget werden mußte. Und doch war noch in jenen Zeiten das Pfarramt leichter als ietzo. Der gläubige Eifer hat sich mehr durch fromme Beyspiele und Vorgang jener leiten lassen, welche sie schon um ihres Alters und Fähigkeiten willen verehrten. Die viele Sophistereyen waren noch nicht erdacht. Die einfache, die wenige Grundsätze des christlichen Glaubens hatten noch nicht nöthig, um der vielen Beysätzen willen, mit einer Menge von Commentarien erlernet und gelehret zu werden. Mit einem Wort. Die Grossen forderten nicht viel, und die Kleinen nahmen es nicht genau.

Ich würde unbillig seyn, wenn ich in dem allgemeinen Haufen der Geistlichkeit nicht eine Ausnahme machen wollte. Ja, Herr Pfarrer, ich kenne selbst ein Duzend Männer, die ich als würdige Seelsorger, als rechtschaffene, belesene, und menschenfreundliche gläubige Priester verehre. Sie gönnen mir Ihre Freundschaft, und ich habe in Ihrem vertrauten Umgang schon manche angenehme Stunde zugebracht. Allein Sie müssen sich mit dem grossen Strom hinreissen lassen, und dürfen nur im verborgenen denken: Wie ich denn auch selbst um meiner Ruhe, um meines guten Namens willen, nicht wie viel nähme, wenn man wüßte, daß ich Euer Hochw. so dreiste Wahrheiten aus dem innersten meines Herzens eröfne. Noch eins kann ich Ihnen doch nicht verschweigen.

Ich denke mir eine Ursache, warum eigentlich unsere Pfarreyen mit allemal mittelmäßigen Genien besezt werden, und so zu sagen besezt seyn müssen. Ich finde darzu drey Gründe: Erstlich, dünket sich jeder Vater oder Mutter, so bald sie durch ein Bisgen erworbenes Geld oder Ehre den Kopf über den gemeinen Bürgerstand erheben, und den Hut unter dem Arm, oder einen Fächer in der Hand tragen können, viel zu vornehm, als daß ihr Herr Sohn nur ein Land= oder auch Stadtpfarrer werden soll. Die l. Mamma will ohne Wiederrede, daß ein Abkömmling aus ihren Lenden, ein herziges Kind, das sie mit Schmerzen geboren, mit Affenliebe erzogen, und mit Kösten durch alle Schulen laufen lassen, dem sie Praemia erkauft, und das nach ihrem Ebenbild

Achter Brief.

geschaffen ist, wenigstens ein Cononicat, ein Personat, einen einträglichen Altar, oder eine Hofcaplaney haben soll. Für Bauern, und sonst gemeines Volk, ist er zugut; seine Brust zum Predigen zuschwach; beym Besuch der Kranken ist Gefahr des Ansteckens; er könnte nicht Beicht sitzen, oder auf Predigten studieren, weil er den Familienfehler hat, daß er den Blähungen stark unterworfen ist. Auf Dörfern hat man keine Ansprache; er müßte melancholisch werden. Und was die Mamma will, das muß dem Papa gefallen. Man läßt sichs also Geld kosten, damit das scharmante Söhngen nach seiner Gemächlichkeit versorgt wird. Zweytens, ist es leider nur allzuwahr, und es sey zur Schande unserer Tage gesagt, daß man einen Pfarrer, der wirklich das bischöfliche und apostolische Amt vertritt, viel schlechter achtet als den geringsten und dümmsten Bettelmönch. Ich habe es selbst oft gesehen, und Sie werden es auch schon erfahren haben, Herr Pfarrer, daß, wenn ungefehr in einer Abbtey, einem adelichen oder Beamtenhaus und Tafel ein Mendicant und ein Pfarrer zusammentreffen, gemeiniglich der gute Seelsorger den untersten Plaz bekommt, und dem Mönch weichen muß. Und dann drittens, weil sich kein vermögmöglicher Mensch, wie eben gesagt, bey geringen Einkommen dem beschwerlichen Amt widmen mag, so bleibet diese Last für Arme nothwendig übrig. Der Unbemittelte aber hat weder den nöthigen Vorschub sich länger im Studieren zu verweilen, noch sich mit guten und theuern Büchern zu versehen. Er geniesset den kurzen und seichten Unterricht der übel besezten Schulen; er lernet im Seminario ein Bißgen von den geistlichen Handgriffen; er kommt mit einem ungerüsteten Kopf als Pfarrer wieder zu einem Haufen Leute, die ihrem Stande gemäß nicht viel wissen. Haussorgen, Nahrungsbeschäftigungen, Noth und Geringschäzung sind alsdann wahrlich keine Ermunterungen für einen solchen Mann, seinen Verstand und Kenntnisse ohne Anweisung mit leerer Hand zu bessern. Hat er darneben vielleicht noch einige Temperamentsfehler, Leidenschaften oder jugendliche Triebe, die ihm die Menschlichkeit abnöthiget, so ist und bleibet er ein — elender Tropf, der das ehrwürdigste aller Aemter, die Seelsorge, verunzieret.

Wenn Sie mir meinen Eifer verübeln, oder auf sich mißdeuten, Hr. Pf so thun Sie mir Unrecht. Denn wenn ich Sie nicht liebete, und

zu einem rechtschaffenen Mann zu bilden nicht
vorhätte, so würde ich schwerlich meine Meinung
so offenherzig gesagt haben. Er gab mir darauf
guten Abend, und versprach in unserer nächsten
Unterredung mir über die klösterliche Orden seine Gedanken zu sagen.

Nun habe Gebuld, l. Bruder; bis am nächsten Botengang sollst du auch diese wissen.

Neunter Brief.

Den 12ten May 1770.

Gleich den folgenden Tag war ich wieder bey
meinem Hrn. Gutmann und erinnerte ihn
seines Versprechens. Alles, was mir dieser
Mann sagt, sind mir spanische Dörfer; und doch
muß ich bekennen, daß ich in und an mir selbst
die Wahrheit fühle. Freylich höre ich nicht allemal gerne, wann er mir so unverblümt den reinen Spiegel vorhält, worinnen ich meinen und
vieler Mitcollegen Lebenslauf mit unsanften Far-
ben gemahlet finde. Allein er macht mich aufmerksam bis zum Ende; und dann habe ich mir
vor-

vorgenommnn, seine Sätze die Musterung paßiren zu laßen. Für jezo sage ich noch nichts, sondern erzähle dir nur, Herr Bruder, was Gutmann spricht.

Sie wollen meine Gedanken, saate er mir, über die Mönche und Religiosen wissen; ich muß von den Einsiedlern den Anfang machen. Der erste, (*) von dem wir wissen, daß er in eine Einöde geflohen, um da in Betrachtung und völliger Ergebung an himmlische Dinge der Welt abzusagen, war der heil. Paulus von Theben. Er wich vor den Verfolgungen des Kaisers Decius um die Mitte des dritten Jahrhunderts. Sein Zeitgenoße und Vertrauter war der heil. Einsiedler Antonius. Ich habe von beyden nichts zu sagen, als daß ich mit vernünftigen catholischen Kirchenlehrern glaube, sie hätten durch Frömmigkeit und gutes Exempel mitten in der Welt mehr Nuzen schaffen können, als durch ein unbekanntes Leben in einer Wildniß. Diese beyde hatten keine

in

(*) Fertur Paulus vitae, quam Eremiticam vocant, auctor eſſe. Sed haec vivendi ratio diu ante hunc inter Criſtianos, immo diu ante Chriſtum, in Aegypto, Siria, India & Meſopotamia, uſitata fuit, & adhuc inter Mahumedanos non minus quam Chriſtianos in his ſiccis & ardentibus terris uſitata eſt. Et *Paul Lucas* Voyages &c. 1714. Tom. V. p. 363.

in Gemeinschaft lebende Schüler; aber Pachomius, ein Lernjünger des Einsiedlers Palámon im vierten Sáculo, war der erste bekannte Stifter, Obere und Führer des Klosters Tabennes am Ufer des Nils, und hat die Provinz Thebais wol mit 50000. Mönchen bevölkert. Seine Regul ist noch vorhanden. Von diesem entsprossen also die Cönobiten, und wurden von nun an Mönch (das war der Einsiedler) und Cönobit in eine Gattung zusammen gegossen. Nach dem Sozomenus, im dritten B. seiner Kirchengeschichte, war der armenische Bischoff Eustathius auch ein grosser und eifriger Beförderer des Mönchstandes. Doch wohnten noch alle in Klöstern, die von Städten entfernt und in Wildnissen gelegen waren. Basilius der Grosse aber, nachmaliger Bischof zu Cäsarea, welcher auf einer Reise nach Egypten und Libien, als dem Vaterlande der Einsiedler=Mönche, an ihrer Zucht und Einrichtung Wohlgefallen fand, war der erste, der auch in Pontus und Cappadocien den Mönchstand einführte. Doch ist dabey zu merken, daß er sie in Städte und Dörfer zog. Sie waren aber noch größtentheils Laien; sie mußten ihre Nahrung mit Arbeit erwerben, bettelten nicht, waren fromm und dienten der Geistlich=

keit

keit in Kirchenverrichtungen als Leute eines exemplarischen Lebens. Wenn sich einige darunter fanden, die durch besondere Eigenschaften oder Gelehrsamkeit verdienten unter die Geistlichkeit aufgenommen zu werden, so wurden sie darzu berufen und gewählet.

Diese bisdaher im Orient blühende Mönchschaft wurde endlich durch die H. H. Hieronymus und Athanasius in die Gegenden um Rom gebracht, und von dannen mit der Zeit in den ganzen Occident ausgesäet. Es entstunden auch zugleich die Frauenklöster zu Rom selbsten, weil man das weibliche sich Gott widmende Geschlecht nicht im freyen Felde umwandern lassen wollte; und diesem Exempel folgten die Mönche. Der H. Martinus, Bischof von Tours der von einem Kriegsmann ein Einsiedler und endlich Bischof und gallischer Apostel worden, bauete sich selbst mit 80. Mönchen ein Kloster. Die meiste Geistlichkeit richtete sich nach seinen Gesezen; und, da er der erste Heilige gewesen, dessen Gedächtnis die lateinische Kirche öffentliche Ehre erwiesen, so ist sich gar leicht einzubilden, daß auch dieses dem Mönchstand schon einen grossen Vorschub gegeben. Was der H. Augustinus für

ein

Neunter Brief.

ein fruchtbarer Stammvater gewesen, und daß er hauptsächlich den Mönchstand mit dem geistlichen verknüpfet, ist bekanut.

Gegen das Ende des 5ten Jahrhunderts wurde der H. Benedictus geboren. Seine zahlreiche Nachkommenschaft hat sich nachmals durch die von ihnen abgerissene Reguln des H. Columbani gegen Ende des 6ten, und des heil. Bernardus im 12ten Säc. in verschiedenen Zweigen des mächtigen Stamms also ausgebreitet, daß man, wenn der Erzählung des P. Chassainus in seinen *Privilegiis Regularium* zu trauen ist; vor den Zeiten des Costnizer = Conciliums bereits 15074. berühmte Aebte, 18. Päbste, 184. Cardinäle, 1564. Erzbischöffe, 3512. Bischöffe und 5559. Heilige aus diesem Orden gezählt haben soll. Ich habe nichts entgegen, sezte Herr Gutmann hinzu; denn wir können nicht läugnen, daß man in der gelehrten Welt diesem Benedictiner Orden eine Menge geschikter, vernünftiger Leute, und wohlgeschriebene Werke zu verdanken hat. Da diese Klöster fast allein in den barbarischen Unwissenheits = Zeiten vom 9ten bis 15ten Jahrhundert uns historische Nachrichten erhalten, auch zithero in der Diplomatik grosses Licht an

ge=

gezündet, und noch wirklich hier und da darunter sehr wakere, vernünftige und denkende Männer im verborgenen steken.

Ich glaube, die Kirche Gottes hätte mit diesen ihren zahlreichen, und schon mit gar ansehnlichen geistlichen Gütern begabten geistlichen Hülfsvölkern gegen den Teufel und seinen Anhang genug haben können. Besonders weil um damalige Zeiten der römische Stuhl in der grösten Macht und unumschränkten Gewalt gewesen, die leidige Creutzzüge anbey alle Länder von den Menschen entblößt hatten, und von gefährlichen Kezereyen ausser den Albigensern nichts beträchtliches zu hören war. Allein das 13te Jahrhundert hekte ein *mixtum Regularium genus*, zu deutsch eine Mißgeburt, aus, die dem allmächtigen Gott mit einem theuren Eidschwur geloben mußten, nicht zu arbeiten, sondern gleich unnützen Hummeln des arbeitsamen Bienenstoks nur das verzehren zu helfen, was andere im Schweiß ihres Angesichts eintragen und erwerben würden. Der Name, sagt P. Chassainus wurde diesem neuen Kinde aus dem *Modo vitae quaerendae* geschöpft; man hieß sie Mendicanten, Bettelmönche. Die Dominicaner, Franciscaner, Augustiner

Neunter Brief.

ner und Carmeliter wurden, seiner Sage nach, jene vier Hauptflüsse, welche aus dem Paradies der römischen Kirche ausgegangen sind, um die ganze Erdkugel mit dem Wasser der H. Wissenschaften und Tugenden zu befeuchten: Denn so nennet sie auch der Pabst Pius V. ein Dominicaner, als er Ao. 1568. noch 6. andere Orden, die Serviten, die Minder=Brüder, die Jesuiten, die Carmeliter=Barfüsser, Trinitarier ꝛc. unter Bettelmönche, und zwar so viel es die Jesuiten betraf mit Unrecht zählete. Es kann seyn, Herr Pfarrer, sagte er, daß diese H. Flüsse von Anfang, als sie noch unter die kleine Bächlein zu rechnen gewesen, wie ein lauteres Brunnenwasser, daher geflossen. Es hat sich aber nachher so viel Leimen und trüber Unflat mit dem hellen Bach vermischet, daß die anwachsende Ueberschwemmungen in Wahrheit unser ganzes so heilig als einfaches Christentum mit einem modernde Schlamm überzogen haben, und also die geistliche Erndte uns nun gar viel unschmakhafte Körner des Aberglaubens zur Seelenspeise geniessen lässet.

Die Augustiner= und Carmeliter=Orden sind nicht sonderlich zahlreich in Deutschland. Sie ha-

haben noch denn und wenn einen geschikten Mannz ich selbst kenne deren einige, die ich hochschäze. Die Dominicaner machen auch keinen gar grossen Haufen, und sind wegen ihrer groben, ungeschliffenen, unwissenden und schwelgenden Lebensart nun bey uns in ziemlicher Verachtung. Serviten und Trinitarier kennet man hier zu Land kaum. Die Jesuiten gehörten nur, dem Namen nach, und dieses *abujibe*, in diese Bettelgemeinschaft; Sie gehörten vielmehr unter die Mönchenclasse. Aber Hr. Pfarrer, die viele Legionen Franciscaner und Capuciner, welche unser Vaterland wie die Heuschreken überschwärmen, und den armen Landmann fast auffressen, diese möchte ich vermindert wissen (*) Sie sind (jedoch ihre priesterliche Würde in Ehren zu halten) in der menschlichen Gesellschaft eben das, was Ratten und Mäuse in der Arche Noe gewesen.

Fruges confumere nati.

Sie verzehren und verderben mehr als andere,

(*) Vor dem Concilium von Trient waren in Baiern bloß 4. Franciscaner Klöster, die kaum aus 150. Köpfen bestanden haben. Nach diesem Concilio, das doch die Vermehrung der Bettelmönche so ernstlich verbote, stieg die Anzahl der Franciscaner und Capuciner Klöster auf 36.

re, und lassen aller Orten stinkende Spuren zu, rük.

Man darf nur auf die erste Zeiten ihrer Entstehung zurükgehen, und da lesen was die Kirchengeschichte uns erzählet, um zu sehen, was der blinde Enthusiasmus damaliger Zeiten für schnelle umsichgreiffende und tiefe Wurzeln gefaßt. Ao. 1206. fiengen des H. Francisci seltsame Begeisterungen an. Vier Jahre nachher geselleten sich sieben andere ihm zu. Und als er Ao. 1219. bey Assiß, in Gegenwart seines guten Freundes, des H. Dominiks, an Pfingsten ein General-Capitel versammlete, waren schon mehr als 5000. Brüder seines noch nicht bekräftigten Ordens beysammen. Sie campirten auf dem Felde. Die Städte Assiß, Perussa, Foligni, und Spoletto ernährten sie, und ein Haufen herbeygelaufenes Volk aus allen Ständen trugen alles mögliche bey, ihnen das Nöthige anzuschaffen. Man glaubte unter ihnen ein rauhes büssendes Leben, innerliche Freude und Friede, die vollkommenste Unterwürfigkeit gegen ihren H. Stifter, den engen und wahren Weg des Evangeliums, und die Ursache zu finden, warum es dem Reichen so schwer werde in den Himmel zu kommen. Allein, wie sehr
auch

auch der H. Franz in Gegenwart des Cardinals Hugolinus die Demuth predigte, und die Abweichung von der Regul als die künftige Abnahme des Ordens gleichsam weissagete, so waren doch schon mit Bruder Elias und Johannes, beyden Vorstehern von Toscana und Bononien, mehr andere dreiste genug, durch besagten Cardinal unter der Hand Francisco vorstellen zu lassen: Er möchte seine Brüder mit zu Rath ziehen, die mehr als er verstünden, und einer Regierung fähiger wären, da er nichts als ein einfältiger in Wissenschaften ganz unbewanderter Mann sey. Sie wollten, man soll sich von den Reguln des H. Benedicts, Augustins und Basils nicht so weit durch eine ausserordentliche Strenge entfernen, und nicht besser scheinen wollen als ihre Väter gewesen. Man siehet hieraus, daß der Keim des künftigen Hoffarts- und Abänderungengeists schon in den Erstlingen des Saamens heimlich gährete. Und obschon der H. Stifter damals sie mit der ihm von Gott gebotenen Einfalt, Demuth, und der Schuldigkeit, mittelst ihrer Handlungen, wie er sagte, die Thorheit des Creuzes zu predigen, zur Ruhe, auch gar zur Unterwürfigkeit an die Bischöffe verwiesen, so ließ er doch durch Pabst Honorius, den 11. Jun. des nämlichen Jahrs, seine Stif-

tung

tung bekräftigen. Und da dieser Pabst, von welchem *Gerard Laricius, in Summa theologica* sagt, daß er auch den Deutschen, die nach dem Tischgebet seine Gesundheit trinken würden, 60. Tage Ablaß verliehen habe, einen ziemlich übertriebenen Eifer für diese zur Stürmung der Höllenpforten gewidmete Recrouten gehabt haben muß, wie aus seinen so wohl für die Anhänger Francisci als Dominici ertheilten Bullen und Empfehlungen erhellet; auch sein Nachfolger Gregorius IV. welches eben der Card. Hugolinus gewesen, von dem Ich ihnen eben als einem enthusiastischen Freund des H. Francisci gesprochen, den neuen Orden, zu offenbarem Abbruch aller andern Geistlichen, besonders der Bischöffe und Pfarrer, mit unbeschreiblich grossen Freyheiten und Ausnahmen begabt; so nimmt mich nicht Wunder, daß diese verzogene Neulinge übermüthig worden, und nach Verlauf kaum der ersten 20. Jahren, so wohl der gesamten Geistlichkeit zu vielfältigen Klagen Anlaß gegeben, als besonders unter sich in offenbare Streitigkeiten verfallen sind.

Schon im Jahr 1243. finde ich einen heftigen Zank zwischen beyden Bettelorden, den Predigern oder Dominicanern und den Minderbrüdern, oder Franciscanern, aufgezeichnet. Ihre geschworne

H Des

Demuth machte sie um die Ehre des Vorzugs und Ansehens streiten. Wir sind die erste, sagten die um drey Jahre früher vom päbstlichen Stuhl bekräftigte Dominicaner; wir tragen einen ehrbaren Habit; wir sind zum Predigtamt bestimmt, welches eine apstolische Verrichtung ist, und führen dieses Amts Namen als Prediger. Aber, antworteten die Franciscaner, wir haben Gott zu lieb eine strengere und demüthigere, mithin heiligere, Lebensart angenommen, weshalben man auch von eurem Orden zu dem unsrigen, als zu einer strengern Observanz, übergehen kann. Das wollten aber die Prediger nicht eingestehen. Sie gaben vor: Ihr gehet zwar barfuß und übel gekleidet, und mit Striken umgürtet; aber das Fleischessen, auch so gar ausser dem Kloster, ist euch nicht so wie uns verboten. Ihr dörft besser, als wir, leben, u. s. w. Matthäus Paris, der diesen Zank beschreibet, sezet hinzu, daß diese Entzweyung eine grosse und der Kirche um so gefährlichere Aergerniß erwecket habe, als beyde Theile gelehrte und den Studien gewidmete Leute gewesen.

Hören Sie nur einmal, Herr Pfarrer, sagt er, diesen Matthäum Paris, was er von den Bettel-

Neunter Brief. 115

telmönchen für eine Beschreibung macht: „Es
„ist betrübt, schreibt er, daß in einem vierhundert=
„jährigen Zeitverlauf der ganze Mönchorden nicht
„so viel von seiner Regul abgewichen, als die=
„ser der erst seit 24. Jahren in Engelland sich fest=
„zusezen angefangen. Ihre Gebäude erhöhen sie
„schon wie Paläste, und erweitern sich täglich.
„Sie prangen darinnen mit unschäzbaren Kost=
„barkeiten, gegen die Armuth, die doch der Grund=
„stein ihrer Gelübden ist. Sie sind sorgfältig,
„den sterbenden Grossen und Reichen zu starkem
„Abbruch der wirklichen Seelsorger beyzustehen.
„Sie sind gewinnstsüchtig und erpressen heimliche
„Vermächtnisse. Sie empfehlen nur ihren Or=
„den, den sie allen andern vorzuziehen wissen,
„daß niemand mehr seelig werden zu können
„glaubt, wenn er sich nicht unter die Gewissens=
„führung der Prediger oder Minder=Brüder be=
„geben. Sie bemühen sich, Privilegien zu bekom=
„men. Sie haben Eingang in den Rath der
„Könige und Grossen gefunden, sind deren Kam=
„mer= und Schazmeister. Sie vermitteln die
„Heyrathen, und sind die Beytreiber der päbst=
„lichen Erpressungen. Beissend und schmeichlend
„sind sie in ihren Predigten, und entdeken die Ge=
„heimnisse der Beichten durch unschikliche Bussen.

„Sie verachten die längst durch die Kirche be-
„kräftigte Orden des H. Benedicts und Augustins,
„da sie den ihrigen allen andern vorziehen. Die
„Cistercienser-Mönche schelten sie grob, bäurisch
„und halb weltlich; die Cluniacenser aber für
„hoffärtig und Epicuräer.„ Man darf diesem
M. Paris wohl auf sein Wort glauben. Denn
ob er gleich selbst ein Benedictiner zu St. Alban
in Engelland gewesen, so ist doch sein Zeugniß als
eines Zeitgenossens und starken Eiferers für die
Kirchenzucht ohne Verdacht eines übertriebnen
Hasses. Sie können übrigens, Herr Pfarrer,
weil sie Französisch verstehen, in dem 17ten Band
der Kirchengeschichte des Fleury das mehrere von
der Ausartung der Bettelmönche, gleich nach den
ersten Zeiten ihrer Erschaffung lesen. Ich will
Ihnen das Buch mit nach Hause geben, und Sie
werden darinnen finden, daß Sie sich zeithero
nicht gebessert.

Alle Anfänge neuer Religionen, Orden, und
darzu gehörigen Kirchendiener, sind mit einem heftigen Verlangen in dieser Welt fromm, und in
jener glücklich zu werden, begleitet gewesen. Es
ist eine so allgemeine Wahrheit, daß sie sich auch
auf die Heiden und sonstige politische Gesezgeber
er-

Neunter Brief.

erstrekt. Man wirft zwar den erstern eine Blindheit vor. Man sagt, sie hätten, statt dem wahren Gott zu dienen, dem Teufel geopfert. Ich nehme diesen Saz an, in so weit es die H. Schrift und die Kirche mir gebietet; aber er kann doch auch mit dem was ich glaube ganz wohl bestehen. Die Heiden, als Mitanfänger der Weltbevölkerung und Kinder der Meuschen betrachtet, hatten alle das ihnen von Gott ertheilte grosse Geschenk der natürlichen Vernunft. Sie erkannten im Ursprung einen schöpfenden, einen erhaltenden Gott. Der weite oder kurze Umfang ihres Gesichtscreises bezeichnete ihnen die Werke der Allmacht. Ehe es Gott gefallen durch Mosen eine Geschichte der Schöpfung nach sinnlichen und menschlichen Begriffen für das jüdische Volk aufzeichnen, und bis zu unsern Zeiten erhalten zu lassen, waren, die Erbsünde durch den Fall der Stammeltern, die Nothwendigkeit einer Erlösung, und alle andere darauf fussende heil. Wahrheiten verborgen. Der vernünftige Heide, der erste noch rohe Philosoph, konnte sich also keinen andern Begrif machen, als daß ein unsichtbares, doch allmächtiges Urwesen die Natur gebildet, und ihr immer gleiche Geseze vorgeschrieben habe; der tägliche Auf- und Niedergang der Sonne, des Mon-

des,

Neunter Brief.

des, der Sternen, das Wachsthum und Verderben dessen, was lebt, und aller anderer Geschöpfe, leitete ihn auf Betrachtnngen: Er sahe das im Gegenwärtigen; er hörte von seinen Eltern die Wahrnehmungen des Verflossenen, und er zog aus beyden die Folge auf das Künftige. Entweder war es ihm wohl oder übel. War das erstere, so schrieb er es den gutthätigen Gesezen des Urwesens zu. Er dankte im Verborgenen, weil die Grundlagen der Dankbarkeit in unserer Natur mit verwebt sind, und wir dem Gutes zu danken, der uns Gutes thut. War es ihm übel, so sprach er zu sich selbst: Das Wesen, welches alles erschaffen und bis daher erhalten hat, kann auch mich von meinem Uebel befreyen, und länger und glücklicher erhalten. Er that einen Wunsch, und dieser Wunsch war sein Gebet. Er wurde von dem Uebel entlediget. Das Mein und Dein, als eine Erfindung der Eigenliebe, und eine Folge der Vermehrung und der Gesellschaft mit Menschengeschöpfen die ausser mir sind, hatte ihn gelehret; daß die Dankbarkeit sich nicht mit leeren Worten, sondern mit Werken eines Gegendienstes, oder einer freywilligen Abgabe von etwas, das mein ist, am wirksamsten bezeigen lasse. Seine erste sichtbarliche gottesdienstliche Handlung

wur-

Neunter Brief.

wurde also ein Opfer. Die Liebe zu seinen Kindern ließ ihn auch für diese opfern. Ein glückliches Jahr, eine gesegnete Erndte, eine reichliche Jagd oder Fischfang, gute Gesundheit, waren lauter erneuerte Anläße, seine und der seinigen Dankbarkeit dem Urheber der ihn so segnenden Natur abzustatten. Daburch bekam der Gottesdienst seine Epochen; und bisdahin war er einfach, mit den noch unerweiterten Gränzen ihres Denkens einstimmig, und allgemein.

Den Tausch, die erste Handelsart der Menschen, um sich den Ueberfluß eines andern gegen Verwechslung des Meinigen, zu meiner Nothdurft oder Vergnügen, eigen zu machen; den natürlichen Hang, mit weniger Mühe und Arbeit unser Wohlseyn zu vergrössern, sehe ich als den ersten Ursprung der Gelübden an. Uebernatürliche Begriffe darf ich, ausser dem Glauben, in der menschlichen Natur nicht suchen. Man denkt nur durch sinnliche Bilder. Wie der Mensch mit andern Menschen zu handeln gewohnt war, eben so handelte er im Sinn mit Gott. Er versprach dem Wesen, dem er aus Erfahrung die Macht Gutes zu thun zuschrieb, eine für seinen Wunsch und Hofnungen angemessene Rükgabe. Er hielte

sich

sich aber zur Erfüllung nicht verbunden, wenn seinem Verlangen kein Genüge geschahe. Die Feyerlichkeit einer menschlichen Handlung, welche derselben ein Ansehen gab, wurde mit in das feyerliche Geschäft der Dankbarkeit oder des Wunsches verbunden, und man opferte auf erhabenen Steinen auf Hügeln in dunkeln Wäldern. Die Gottheit, die sie nur dachten und nicht sahen, konnte von Hand zu Hand nichts annehmen; und weil man ihr doch eine Wohnung zuschrieb, so glaube ich, daß man den schönen Glanz und die gutthätige Wärme der alles belebenden Sonne darzu ausgewählet. Der aufsteigende Rauch war das einzige Mittel, der Gottheit einen fühlbaren Genuß des Opfers zuzubringen. Die Opfer wurden also verbrennet. Das wunderbare macht ausserordentliche Eindrüke und Vermuthungen; weil es über die Begriffe unserer natürlich gewohnten Erfahrung ist. Ein hoch gen Himmel aufsteigender Rauch kann also gar wohl ein vermeintliches Zeichen der gefälligen Aufnahme des Opfers gewesen seyn, und das Gegentheil eine Verwerfung der Bitte angezeiget haben. Phisicalische Ursachen wußte man noch nicht; mithin wurden übernatürliche her geholet.

Ich

Neunter Brief.

Ich werde hier abgerufen, mein l. Hr. Bruder, sonst solltest du noch einen viel längern Brief zu lesen bekommen. Morgen will ich dir wieder schreiben; und da mein Schulmeister nach E*** geht, so soll er bey dir einsprechen, und meine Fortsezung dieses Briefs mitbringen.

Fortsezung des IX. Briefs; den 13. May 1770.

Dem für alle Welt gutthätigen Urwesen, fuhr mein alter erfahrner Lehrer fort, mochte man keine Vorliebe zwischen gleichen Geschöpfen beymessen; und dieses ist vielleicht die Ursache, warum ihm ein böses an die Seite gedacht worden. Krankheiten, Mißwachs, Donnerstreich, Ueberschwemmungen ꝛc. waren die Beschäftigungen dieses unsichtbaren Bösen. Da nun der Mensch gefunden zu haben glaubte, daß Opfer dem wohlthätigen Schöpfer gefallen, so war es eine natürliche Folge, daß man es auch bey dem übelthätigen versuchen müsse. Dann wurden zum erstenmal zwey Altäre erbauet, und sie, um diesem kenntliche Unterscheidungszeichen zu geben, mit sinnlichen Vorstellungen besezt. Eine weibliche Figur mit hundert Brüsten und Armen, Thieren- und Menschenbildern, war bey den Egyptern die gutthätithätige allgemeine Mutter der Natur. Eine Schlange, ein reissender Löwe, oder sonst eine scheußliche Nachahmung, mußte den schädlichen Zerstörungsgeist vorstellen. Was anfänglich ein Bild, ein Unterscheidungszeichen war, wurde bey Kindern, welche künftige Begriffe an die erste sinnliche Bilder anhängen, und die einmal gefaßten Eindrüke nicht leicht mehr ausfegen können, zu wirklichen mit Gewalt versehenen Gottheiten. Das mit solcherley Vorurtheilen aufgewachsene Kind wurde ein Mann. Dieser erkannte mit Mühe, daß Holz, Stein und Metall die Gottheit nicht selbst seyn könne. Doch wurde das Bild ein göttlicher Wohnsiz, und, damit dieser Palast nicht durch Regen und Wetter zerstöret würde, eine Hütte darüber gebauet, mithin ein der Gottheit gewidmeter Tempel. Ein Paar abgelebte, schon mit Vorurtheilen gebohrne und erzogene, mit abnehmenden Säften und Kräften, wider der Kindheit sich nahende Männer, die dem Feldbau und Nahrungsgeschäft nicht mehr nachkommen konnten, widmeten sich der Reinlichkeit des Tempels. Die Eigenliebe und das wünschende Lob einer guten Verwaltung wird sie auch bewogen haben, das ihnen anvertraute Bild zu zieren, um damit, weil alles Sinnliche bey sinnli-

chen

chen Menschen vorzüglich gefällt, ihrem Tempel mehrern Zugang zu verschaffen. Ihre Dienste, ihr Alter, forderten Belohnung. Sie bekamen einen Theil der Opfer, und wurden die ersten Götzenpriester.

Sie waren besorgt, den Leuten herzusagen, was von ihren Gottheiten für Gutes geschehen oder für Uebel abgewendet worden. Und, um es der Nachwelt aufzubehalten, wurden die ersten Dankzeichen in Bildern aufgehangen. Ich glaube, daß diese meine Anfangspriester ehrliche und uneigennützige Leute gewesen, die gehandelt wie sie gedacht. Allein, in der Folge gieng es, wie es zu gehen pflegt. Ein alter Vater, der Kinder hatte, ließ sich jezuweilen seinen Kirchendienst erleichtern. Der Junge, der noch die Gottheit im Holz verehrte, aß mit von dem Opfertisch. Wolleben und keine abmattende Arbeit haben, ist ein erwünschter Zustand. Er suchte seinem Vater im Amte zu folgen. Darzu gehören Verdienste. Er machte sich solche durch sein erfindsames Gehirn, durch Träume und Lügen. Er vermehrte die angebliche Wunderwerke; ersann Weissagungen; hatte Begeisterungen, und schwazte unbekannte Dinge für den leichtgläubigen Pöbel. Und da haben sie

sie meinen anfänglich dem natürlichen Gesetz nach
ganz einfachen Gottesdienst wirklich zu dem ärg-
sten Greuel umgeschaffen.

Sie werden vielleicht sagen, Herr Pfarrer,
ich träume mir meine Heiden selbst, wie ich sie
haben wolle. Es kan seyn. Wer aber den menschlichen Empfindungen, und dem Zusammenfluß unserer unbelehrten Begriffen nachdenkt, wird mir
wenigstens eingestehen müssen, daß der allmälige
Lauf meiner Folgerungen nicht ganz ohne Wahr-
scheinlichkeit sey. Und wer weiß, ob wir nicht
etwas ähnliches bey unsern aufgeklärten Zeiten
antreffen könnten. Ueberhaupt wollte ich aber
nur sagen, daß alle Gesetzgeber gute Absichten gehabt, die aber in der Folge durch menschliche Leidenschaften der Hoffart, des Ehrgeizes und Eigennu-
zes in Laster und Unordnungen ausgeartet. Wir
wollen jene politische Männer, einen Solon, einen Lycurg nicht betrachten, weil sie keine neue
Glaubenslehren eingeführet haben, sondern sich
nur der angenommenen bedienten, um ihre Mit-
bürger im Zeitlichen durch Zucht, Sicherheit und
Recht, glücklicher zu machen. Lesen sie aber nur
bey einer müßigen Stunde aus des Plutarchs
Lebensbeschreibungen, hier in diesem Quartband,

den

Neunnter Brief.

den Numa Pompilius, der als der zweyte König des noch rohen, zusammengerasten römischen Volks, sich einer Religion bedienen mußte, um durch übernatürliche Zwangsmittel, durch Geheimnisse, durch ausserordentliche Bewegungen des Gewissens, sich ein gesittetes Volk zu bilden. Er entlehnte die Gottheiten der benachbarten Griechen. Er hatte alle fruchtbare Erzehlungen des Homers zu seinen Diensten. Von dem Guebre oder Parsis borgte er die stäte Erhaltung eines H. Feuers, und vertraute solches den selbsterdachten Vestalinnen an. Mit einer einzigen unsichtbaren Gottheit hat der sinnliche Pöbel nicht genug. Numa fand es für gut alles mit anzunehmen, was den Zwek bey andern angesehenen Nationen erfüllete, und doch wurden noch in der folgenden Zeit ein Haufen minderer Gottheiten für alle Gelegenheiten, Zustände und Erfordernisse hinzugeschaffen. Der Gesezgeber war unschuldig, was die Beysäze der Nachkommen betrift. Und eben so gieng es ja bey dem, von dem allwissenden Gott selbst belehrten, auserwählten Volk. Das deutlichste, durch den Finger des Allerhöchsten geschriebene, durch ihren Erlöser Mosen erklärte Gesez, welches noch dabey mit einer Menge feyerlicher Ceremonien, Beobach-

Neunter Brief.

achtungen, Warnungen und Wunderwerken das vollkommene Vertrauen, und die Aufmerksamkeit des Pöbels reizen und sich angenehm machen können, wurde bey allen Anläßen, bey iedem Durchzug durch ein frembdes Land, mit denen daselbst angetroffenen Mißbräuchen und falschen Gottheiten vermehret. Ich bewundere mithin gar nicht, daß das einfache, liebreiche und nur auf wenige Hauptsäulen gebaute christliche Gesez schon zu den Zeiten der Apostel in Mißdeutungen, Beyschläge und Abartungen gegangen, welche seither tausendfach vervielfältiget worden. Dieses ist aber gewiß, Herr Pfarrer, daß vor Entstehung der beynahe unzählbaren Menge von Mönchen, Religiosen und Regularen, unser Gottesdienst reiner, der Begriff von einer majestätischen Gottheit viel herrlicher, der Abscheu vor Laster und Sünden stärker, die Trennungen von den wahren Glaubenssätzen in Occident seltener, und unser Vaterland im Innern glücklicher gewesen.

Ich sage das im engsten Vertrauen, mein lieber Herr Pfarrer; denn wir wären beyde unglücklich, wenn so etwas von Ihnen oder mir herkommend weiter erzählet würde. Ich würde so arg als Febronius und Lochstein,

und

und Neuberger, und Kollarius, und der einsichtige G—B—g—r. in unsern Tagen, und wie Muratori, Alexander Natalis, Erasmus, Petrus de Marca, Gerson, Petrus de Vineis, Willh. v. St. Amore in ältern Zeiten, verkezert. Denn sie müssen wissen, daß es in allen Zeiten redliche, geschikte und, wohl zu merken, catholische Männer gegeben, die ihre Gedanken frey gesagt und nach Hilfsmitteln geseufzet haben. Ich hoffe, was ich oben gesagt, dem Herrn Pfarrer begreiflich zu machen. Unterwiesen sollen Sie nichts auf mein Wort glauben. Wir müssen schon wieder auf die ersten Jahrhunderte der Kirche zurükgehen, wenn unsere Urtheile aus der reinen Quelle geschöpfet werden sollen.

Diejenigen, welchen das Glück bescheret gewesen den Heiland der Welt selbst zu sehen, und seine Lehren zu hören, fanden in seinem Wandel, Sitten und Predigten lauter Liebe des Nächsten, gesellschaftliche Tugenden, freundliche Duldung aller Menschen und liebreichen Ruf für die Sünder. Die Apostel und Jünger, welche allein den Befehl, die Gewalt und die Gabe hatten, das christliche Gesez fortzupflanzen, theilten sich in die nahen und entfernten Gegenden. Sie errichteten
ihre

ihre Diöcesen noch ganz im verborgenen. Sie bekümmerten sich nicht um weltliche Macht, sondern blieben für sich der Obrigkeit unterthan; und ihre Lehrlinge haben sie eben auch dahin ausgewiesen. Sie wollten nicht hoch angesehen seyn. Sie zwangen keinen Menschen zur Annahme ihrer Lehrsäze. Alles, warum sie sich bekümmerten, war die Offenbarung der Wahrheit und Erklärung des göttlichen Worts. Niemand waren sie beschwerlich, da sie sich mit eigner Handarbeit ihren Lebensunterhalt erwarben. Es hieß bey diesen heil. Männern: *Verba docent, exempla trahunt.*

Die Heyden, welche vom natürlichen einfachen Gesez durch ihre eigennüzige, verschmizte und habsüchtige Pfaffen zum Aber- und Irrglauben nach und nach verführet, und nach Art des grossen gemeinen Haufens zu einer unsinnigen Vielgötterey verleitet worden sind; die Juden, bey welchen der kleine öhlreiche Kern des von Gott durch Mosen gepredigten Gesezes mit Füssen getretten wurde, weil ihre Schriftgelehrte für besser oder einträglicher hielten um die Schaalen zu zanken, und einander unter dem Namen Pharisäer, Sadducäer und Essäer zu verfolgen: Ich sagte, Heyden und Ju=

Neunnter Brief.

Juden fanden bey der chriſtlichen Lehre das Einfache der Gottheit wieder. Unſer Heiland hatte Matth. VII, 12. den Grundſtein des natürlichen Geſetzes zur Hauptregel vorgeſchrieben: „Darum, „alles, was ihr wollet das euch die Leute thun ſol„len, das thut ihnen auch; denn das iſt das Ge„ſetz und die Propheten." Der Heyde fand da, was ihm die griechiſche Philoſophen vorgeſprochen hatten. Aber er traf auch im V. C. 43. 44. noch eine Vollkommenheit an, die die menſchliche Natur bis dahin nicht unter die moraliſche Pflichten gerechnet hat. „Ihr habt gehöret, daß geſagt iſt, „du ſollſt deinen Nächſten lieben, und haſſen deinen „Feind. Ich aber ſage euch: Liebet eure Feinde, „thut Gutes denen, die euch haſſen, und bittet für „die, die euch verfolgen und beleidigen." Dieſe Gutthätigkeit, die nur ein göttlicher Sinn predigen konnte, mußte nothwendig das Vertrauen auf eine Lehre vermehren, welche ſchon mit der eigenen Ausübung ſeiner Jünger, und mit offenbaren Wunderwerken bekräftiget war. Nirgends iſt anbey ein ſchweres Joch in den Evangelien den Chriſten aufgehälſet. Von denen noch auf uns fortgepflanzten guten Werken, war Beten und Almoſengeben den Heyden nicht anſtößig, und den Juden bereits geboten. Leztere hatten auch nach dem Gesetz das Fasten, nicht bloß die Enthaltung vom Fleisch, gelernet. Und dieses ist nach der Erklärung beyder geschikter Männer, Don Calmet in seinem biblischen Wörterbuch Art. Caresme so wohl, als im zweyten Band der Kirchenhistorie des Abbé Fleury, wo er von den Büchern des Tertullians redet, in den ersten Zeiten nicht geboten, sondern nur von jenen eingeführet worden, die den Ausspruch Christi Matth. XI. 15. Marc. II. 20. als eine Erinnerung über den zeitlichen Verlust des Erlösers und eine Vorbereitung zu dem Osterfest angesehen, oder durch den Trieb der Andacht sich eine Faste auferleget haben. Zumalen die Jünger des Herrn ja selbst, wie der 14. V. des obigen Cap. Matth. beweiset, nicht gefastet haben. Ich bin überzeugt, Herr Pfarrer, daß Andachtsübungen, die nicht als eine unumgängliche Nothwendigkeit befohlen sind, sondern nur angepriesen werden, weit mehrere Nachahmer bekommen. Dem Zufolge glaube ich, daß wirklich die ersten Christen strenger und fleißiger als wir, gefastet haben. Die Kirche hat uns nun gewisse Zeiten vorgeschrieben. Wir sind schuldig sie zu hören; ich rede also nicht dagegen, sondern ich wollte nur damit beweisen, daß die den Juden und Heiden neben dem Glauben gepredigte gute Werke

nicht

Neunter Brief.

nicht so strenge und so unmenschlich gewesen, als ein Franciscaner, der vom Geißlen, haariger Kutte und Cilicien prediget, uns ohne allen Grund daher schwazt. Ich bleibe dabey, die Lehre war einfach, dem natürlichen Gesez gemäß; die unbegreifliche Geheimnisse glaubte man mit einfältigen Herzen, als nothwendige Folgen des Vertrauens das man auf den Lehrer und dessen Jünger hatte. Aller Pracht, alle äusserliche Gepränge, aller Reichthum waren verbannet, weil sich vorzüglich Arme dem Christentum widmeten, die Verfolgungszeiten auch noch nicht gestatteten öffentliche Zusammenkünfte der Gläubigen bey hellem Tag zu veranstalten, und weil man dem Pracht und Aufpuz der Gözentempel und Synagogen nichts nachahmen wollte. Gott verzeihe mirs, Herr Pfarrer, wenn ich ein Gleichniß mache, das unserer Geistlichkeit nicht anständig ist: Aber wenn ich die Vorwürffe und Meynungen der Heyden lese, welche sie von den Christen geheget, so finde ich, daß damals die klugen Römer eben den Begriff gehabt haben müssen, den jezt ein sich klug glaubender P. Lector von den Freymäurern hegt. Lesen sie, was Fleury darüber bey Gelegenheit des Gesprächs von Minutius Felix zwischen Octavius und Cecilius beschrieben hat.

Indessen siehet man daraus, wie bemüthig, und mit was sanftmüthigem Eifer der noch im Verborgenen aufwachsende christliche Haufen, nur mit gutem Exempel, ohne Macht, mithin auch ohne Zwang, Proselyten geworben hat. Freylich haben sich unter diesen im Grund vereinigten Nachfolgern der Apostel schon in den ersten Jahrhunderten Irrlehrer eingefunden. Man brachte über Geheimnisse neue Meinungen auf. Aber man darf auch sagen, lieber Herr Pfarrer, daß dieses nur eine Frucht jener Anhänger gewesen, die dasjenige, was über unsere Begriffe ist, mit einem unnützen Schulgeschwäz erklären wollen, und vielleicht eben dadurch verfinstert haben. Sie waren entweder mit Stoischen oder Platonischen Logomachien gesättiget, und um ein Bischen gelehrt zu thun, mußte die edle Einfalt, womit der Christenhaufen undemonstrierliche Geheimnisse glaubte, nun der unsinnigen Ergotterey aufgeopfert werden. Ob der liebe Gott ein Wohlgefallen daran haben könne, daß man Sachen, die seine unendliche Weisheit unserm endlichen Verstand verborgen, mit Gewalt errathen, und als unumstößliche Wahrheiten durch Wortspiele herdemonstriren wollen, will ich jezo nicht untersuchen: Ich wenigstens zweifle sehr daran. Indessen hat doch

die

Neunter Brief.

die unfehlbare Kirche für gut befunden, die eine Partie dem leidigen Satan als ein Eigentum zu schenken, die Lehrer der Gegenmeinnng aber unter die Schaar der Heiligen zu versezen. Und mit diesem Ausspruch *per majora* wollen wir in Gottes Namen zufrieden seyn Herr Pfarrer.

Daß es aber an Sectirern nicht gefehlet, nehmen Sie daraus ab, weil von Ao. 40. bis 100. bereits 14; im zweyten Säc. 42; im dritten aber wieder 29. unterschiedene; mithin 85. erley ungleiche Schriftausleger in unserm catholischen Kezer-Register namentlich aufgezeichnet stehen. Ich mag nicht erwähnen, daß im 4ten Jahrhundert etlichund 80. andere benennet sind. Und so gab es immer einige frische Neerouten; so daß nur das 9te, 10te, und 11te Jahrhundert von neuen Meinungen frey geblieben; vermuthlich, weil damals die Laien in der äussersten, die Geistliche aber in einer sehr grossen Unwissenheit vergraben gelegen sind. Im Orient hat die Bilderstürmerey, während dem 8ten Jahrhundert den meisten Lermen gemacht, und neben den Saracenen sind die Kaiser durch die innerliche Zerrüttungen sehr geschwächt worden. Das Longobardische Reich war mit den Päbsten in unterschiedliche Händel verwikelt; und dagegen gerade in diesen Zeiten das Christentum allererst angefangen durch die Predigten derer Heiligen Gallus, Kilian, Willibrod, Bonifacius, ꝛc. sich in unserm Vaterlande auszubreiten, so mußten wohl die größtentheils gezwungene Catechumeni κατεσχασαυδοξαν wie das Echo nachsprechen, und glauben was man ihnen vorsagte. Mit dem h. Bonifaz wurden nun auch die Mönche in Deutschland bekannt, verschiedene Klöster fundirt, und der Kirche bey uns das erste mächtige Ansehen gegeben. Im 9ten Jahrhundert hatte der Pabst Carln den Grossen, und dieser jenen nöthig. Die heiligste Väter, *Servi Servorum Dei,* waren durch die Schwäche der griechischen Kaiser schon so kühn geworden, daß sie dann und wann dem Monarchen, ohne dessen Gefallen und Bekräftigung sie nicht Päbste seyn konnten, sehr derb aus der Entfernung ungestraft zugeschrieben haben. Wir lesen, daß bereits Stephanus III. sich von Menschen auf den Schultern tragen lassen. Man sieht der Sache zwar den Anstrich, daß seine Weißheit und Tugenden ihn so liebenswürdig gemacht, *ut suorum humeris fuerit deportatus ad Basilicam Lateranensem &c.* Gott bewahre mich, daß ich es als einen ausserordentlichen Stolz auslege; aber freylich ist unser Heiland mit einer gelehnten Eselin

lin und seine Jünger mit ihren Füssen zufrieden gewesen. Sonsten könnte man freylich auch noch anmerken, daß dasjenige, was diesem Stephano aus Liebe geschehen, bey seinen Nachfolgern eben zu keiner Schuldigkeit hätte werden sollen. Ich wollte nur so viel sagen: Daß, nachdem gedachter Stephanus am ersten unter den Päbsten die Alpen überstiegen, und sich mit Pipin in dem Occident gewissermassen getheilt hatte, nachdem Hadrian I. welcher die *salutationem & adorationem honorariam* der Bilder in Kirchen und Häusern öffentlich befestiget, durch seinen an den fränkischen Hof abgeschikten Nuncius wider die Longobarden um Hilfe gerufen, und nachmals der grosse Carl für den Leo III. geleisteten Beystand wirklich zum Kaiser in Occident ausgerufen worden, daß nach allem diesem sich nicht so bald ein Zweifler mehr ganz offen darstellen durfte, um zwey vereinigten Monarchen, die den Glauben mit dem zeitlichen Tod und ewiger Verdammniß sehr überzeugend predigen konnten, zu widerstreben. Bey dieser Vereinigung; bey der unumschränkten Macht des Kaisers, der die ganze weitläufige Monarchie nur durch seine Ministerialen verwalten ließ; bey dem Eifer den er gesegneterweise für die Religion hatte; bey der ausserordentlichen Unwissenheit der Laien;

(schier

(schier hätte ich Versuchung den Kaiser mit auf die Liste zu sezen); und da sich derselbe nothwendig seiner Caplanen als gelehrter Schreiber bedienen mußte, diese Leute aber alle gewissermassen Ordensgeistliche gewesen sind; so können Sie gar leicht den Schluß machen, daß, je mehr diese Geistlichkeit an Macht und Ansehen zugenommen, je eifriger sie auf Glücksgüter und zeitliche Regiersucht bedacht gewesen, je weiter sie sich eben dadurch von ihrem ersten Zweck der Demuth, der Handarbeit, der Armuth, des Gehorsams und andächtiger Sitten entfernet haben.

Indem der grosse Haufen so dachte, und auf eine Menge weltlicher Ausschweifungen verfiel, gab es dennoch immer noch einige wenige, die auf die Reguln zurücksahen. Benedict, Abbt von Anian, suchte die verlorne Zucht wieder herzustellen. Man hat noch von ihm den zu Aachen verfertigten *Codicem Regularum:* Allein, da einmal die Mönche durch ihre bereits besessene, und mit Einführung der Leibeigenschaften und Feudalrechten so gar ein Bischen tyrannisch vermehrte, grosse Güter des Wohllebens gewohnet gewesen; so nahm nach des Fleury Zeugniß die gute Ordnung wieder so schnell ab, daß man gegen das Ende

Neunter Brief.

Ende des 9ten Jahrhunderts in vielen Klöstern kaum einen Mönch finden konnte, der seine Regul zu lesen im Stand gewesen ist. Auch im 10ten Século entstunden abermal einige Verbesserungen, doch ohne lange Dauer. Reichtum und Müßiggang sind keine Stüzen für Frömmigkeit und eingezogene Verläugnung der Welteitelkeiten. Anstatt der von dem gemeinsamen heil. Stammvater Benedict so ernstlich gebotenen Arbeit wurde zwar das Chorsingen zu gewissen Stunden eingeführet: Allein, wir wissen es beyde, daß diese Uebungen ohne Andacht und ohne Gegenwart des Geistes bloß mit der Gurgel und den Lippen verrichtet werden, woran dem allerhöchsten Gott eben nicht sonderlich viel gelegen seyn mag.

Und damit ich es kurz mache: Zu Zeiten des heil. Bernhards im 11ten Jahrhundert klagt dieser Ordensverbesserer: „Daß zwar die Mön„che äusserliche Kutten trügen, die nach den Re„guln verfertiget seyen, aber ihre Seelen liessen „sie nakend ohne Frömmigkeit, Demuth und an„dere Tugenden. Er straft an ihnen die Unmä„sigkeit ihrer Gastereyen, den Ueberfluß in Klei„dern, Betten, Pferden, Gebäuden ꝛc." Und wenn man die ganze Beschreibung, die er macht, nach

nach des Fleury Uebersetzung im 14ten Band auf das Jahr 1126. zusammen nimmt, so sollte man glauben, dieser heil. Mann habe erst vor wenig Wochen geschrieben. Wenigstens copieren die heutigen Mönche treflich das damalige Original: Nun, dafür wollen wir sie sorgen lassen. Sie haben für ihre Gelübde und Seelen Rechenschaft zu geben; mithin gehet es mich und Sie, Herr Pfarrer, nichts an. Sie haben vernünftige, gelehrte Leute, diese werden schon wissen, wie man ein Mäntelgen darüber ziehet. Die Päbste aus ihren Orden haben ihnen Privilegien und Dispensen gegeben. Und endlich sind sie auch nicht zu mehrerm verbunden, als wozu sie sich durch einen Eid anheischig gemacht; d. i. so zu leben, wie es in ihrem Kloster heut zu Tage üblich ist.

Recrouten muß jedes Kloster haben. Sehr jung nehmen sie die Leute an. Ein Knabe von 16 Jahren, der 13 Worte Latein und ein wenig sophistisches Schulgeschwäze, oder etwas Musik versteht & *non vitiati corporis* ist, der von der Welt keine Kenntniß hat, dem seine Eltern keine Erziehung gegeben, oder kein Vermögen verlassen können, gehet zu Herbstzeiten, gegen das Ende des Schuljahrs mit einem vergoldeten Buch, das man Prämium nennet, in die Vacanz. Er kommt in

Neunter Brief.

eines oder mehrere solche Klöster. Man giebt ihm da zu essen und zu trinken. Die Herren sind freundlich mit ihm. Der Hr. Prälat examinirt den Buben und schenkt ihm etwas. Das Wohlleben stehet ihm an. Er siehet keine vom Fasten, Sorgen und Arbeit ausgemergelte Körper. Er findet, daß die Hrn. Beamte, alle Welt-Priester und das Volk, jedem Geistlichen, so bald er nur Pater geworden, mit gebeugtem entblöstem Haupt so viel, wo nicht mehr, Ehre, Respekt und Unterwürfigkeit bezeugen, als dem Junker in seinem Dorf. Der Herr Prälat, die Hofherrn, die Pfleger, die ausgesezte Pfarrer sind, denkt er, auch wie ich in das Kloster gekommen; und warum sollt ich es nicht ebenmäßig werden können. Der Beruf ist damit fertig. Der Jüngling hält aus und wird aufgenommen. Und da haben sie einen Kirchenvater *in herbis*. Trift den jungen Menschen das Glük, daß er einen vernünftigen Moderatorem oder Novizenmeister bekomint, so kann er einen wakern Mann geben. Wiewol er doch allemal gut mönchisch studieren, und nur wissen oder lesen darf, was man ihm vorlegt. Ich kenne, sagte er, rechtschaffene Leute darunter, die mehr denken, als sie sagen und schreiben dörfen. Wer der große Haufen ∗∗∗∗∗∗∗∗∗∗∗∗
∗∗∗∗∗∗∗∗

Zehn-

Zehnter Brief.

Den 21 May 1770.

— — — — — — — — — — —
— — — — — — — — — — —
— — — — — — — — — — —

— — — — — Freylich diese neue Religiosen-Regul (denn die Bettler wollen keine Mönchen seyn) auf einsames Leben, Buße und Betrachtungen gerichtet, und die heil. Stifter Franciscus und Dominicus sahen nicht vorher, daß eben diese einsame ungesellschaftliche Tugend zu einer unerschöpflichen Quelle von übertriebenem mithin schädlichem Vertrauen, Ehrgeiz, Reichthum und Mißbräuchen werden würden. Die falsche untergeschobene Decretalen, deren unächte Geburt nun alle vernünftige Geistliche und Rechtslehrer; ein van Espen, Barthel und andere offenbar erkennen, hatten die unumschränkte Macht des heiligsten Stuhls zu Rom bey den damaligen schwachen Zeiten so befestiget, daß Kaiser, Könige, Fürsten und Völker für den Bannstrahl zitterten.

Die-

Es kränket den Herausgeber ungemein, daß das Ende dieses und der Anfang des folgenden Briefs ganz und gar unleserlich geworden: Die Köchin gebrauchte dieselbe gerade, ihr Mieder mit silbernen Haken einzupaken; und durch die Bewegung hat sich das Silber so sehr auf dem Papier gerieben, daß es ganz schwarz wurde, und kein Buchstabe leserlich ist.

Zehnter Brief.

Diese nunmehr seltene oder doch nicht mehr zündende Wetterstreiche der römischen Allmacht, die in jenen Tagen den Monarchen seiner Länder beraubten, die Unterthanen ihrer Pflicht entbanden, Thronen umstießen und Königreiche verschenkten, waren auch der Hauptschlüssel zu dem von Clemens VI. neuerfundenen Kirchenschaz an Privilegien, Begnadigungen, Befreyungen von der bischöfl. Gewalt und Aufsicht, womit man diese geistliche Neulinge beschenkte.

Es wurde den Päbsten als sichtbaren, aber nicht mit genugsamen Soldaten versehenen Oberhäuptern der ganzen Welt, zur unumgänglichen Nothdurft, sich eine geistliche Armee zu erschaffen, die durch das Bezwingen der innern Empfindungen, durch Gefangennehmung des Geistes, durch Himmel und Hölle, den unbelehrten Haufen zu blinder Folge leiten, und das nun in diese Welt versezte Reich Christi seinen Statthaltern unterwürfig erhalten könnte. Die Erfindung war klug; die Menschenkinder unwissend; die Furcht vor der Hölle groß. Der Versuch gelang; die Fürsten wurden klein; der Pabst mächtig; und es war der Dankbarkeit gemäß, daß er seine streitende Völker mit Gnaden, mit Vorzügen, und nach Art der weltlichen Feldobersten auch ein bisgen mit Freyheiten zur Beute und Marodiren dann und wann be-

beschenkte. Die alte, schon lang gediente Regimenter der Benedictiner, Cistercienser, Prämonstratenser, Cartheuser ꝛc. hatten bereits ihre gute Garnisonen und *quiete vivere*. Diese konnten mit ihren Reichtümern nnd gemildenten Zucht zufrieden seyn. Die wenige Weltgeistliche, die keinen Orden zugehörten, behandelte man als Landmiliz auf halben Sold. Aber die neugeworbenen leichten Truppen, Franciscaner, Dominicaner, Augustiner und Carmeliter, die nach der Stiftung keine eigene Bagage haben durften, wurden mit ihrem Unterhalt der ganzen catholischen Welt zugewiesen, und ihnen das streifende Betteln nicht allein erlaubt, sondern als die gröste aller christlichen Vollkommenheiten *sub conditione sine qua non* geboten.

Nun hat es freylich, weil der leidige Fürst dieser Welt nicht ruhet, Menschenkinder, und was das ärgste ist, Geistliche gegeben, die das Betteln der Religiosen angefeindet und mit lästernden Federzügen geschmähet haben. Man wollte behaupten, Christus und seine Apostel hätten nie gebettelt. Man hat gesagt, der H. Paulus habe sogar in seiner schönen II. Ep. an die Thessal. 3 C. 8. 10. v. das Gegentheil behauptet: „Wir ha-
„ben

Zehnter Brief.

„ben von niemand das Brod umsonst gegessen, „sondern mit Arbeit und Mühe Nacht und Tag „gewürket, auf daß wir niemand unter euch be= „schwerlich wären. — Denn als wir auch bey „euch waren, zeigten wir euch an, daß so jemand „nicht arbeiten will, der soll auch nicht essen." Man glaubte, daß weil die Reguln der ersten Einsiedler, Mönche, des H. Benedictes und sei= ner Nachfolger, neben dem Gebet die Leibesarbeit zum Befehl gemacht, so könnten die neuen An= kömmlinge in dem Weinberg des Herrn auch noch selbst ihren Groschen verdienen. Allein, es bekam den Feinden der H. Bettelorden sehr übel. Man darf nur lesen, wie es dem oben angeführten Wil= helm von Saint Amour, Canonicus zu Bau= vais, ergangen, als er, neben der Unterwürfigkeit, welche die Mönche den Bischöffen und Pfarrern schuldig wären, auch behauptete, es sey keine tu= gendhafte Handlung, freywillig ein Bettler zu werden; man sollte starke und gesunde Bettler stra= fen. Pabst Alexander IV. nennete sein Beginn= en eine verdammte Empörung gegen die römische Kirche, nahm ihm sein Canonicat, und befahl, un= ter Strafe des Bannes, die darüber ausgefertigte Bull in Paris zu verkünden.

Nun Herr Pfarrer, fuhr der Edelmann fort, weilen es einmal der H. Vater so haben will, oder wegen der steten Einsprechung des H. Geistes nicht fehlen kann; weil auch andere Päbste, Urbanus, Clemens, Eugenius und Sixtus alle die *IV.* Calixtus *III.* Alexander *VI.* Bonifacius *IX.* Leo *X.* und Pius *V.* nach des P. Chassainus *Priv. Regul. Tract. II. Cap. 4.* einhellig bezeugen, daß ein Ordensmann sich des Bettelns nicht schämen dörfe, weilen ihnen Christus und seine Apostel darunter den Vorgang gemacht hätten, so muß der H. Paulus in angezogener Stelle nicht für ganz Europa, sondern nur für die Thessalonicher geschrieben haben. Denn die Worte sind merkwürdig, welche ich in der durch obige und andere Päbste, besonders durch das allgemeine Concilium von Vienne, bestätigten Regul des H. Francisci lese, wo im 6ten Cap. geschrieben stehet: „Die „Brüder sollen sich nichts eigen machen, kein „Haus, kein Ort und keine Sache; sondern als „fremd und Ankömmlinge in dieser Zeitlichkeit, „die in Armuth und Demuth dem Herrn dienen, „sollen sie vertrauenvoll auf Allmosen ausge- „hen. Sie hätten sich dessen nicht zu schämen, „weil der Herr selbst sich zum Armen in dieser „Welt gemacht hat. Dieses ist die Erhaben-
„heit

Zehnter Brief.

„heit der höchsten Armuth, welche euch, liebste
„Brüder, zu Erben, zu Königen des Himmelreichs
„einsetzet. Sie hat euch in Sachen arm gemacht,
„aber in Tugend erhöhet. Diese sey euer Theil,
„welche euch in das Land der Lebendigen einführet."
Es muß also schon gebettelt seyn; da hilft nichts
mehr dafür. Pabst Sixtus V. soll auch gar
die fürchterliche Inquisitores hæreticæ prauitatis
ihres strengen Amts gegen alle Bischöffe, ihre Vi=
kariaten, Pfarrer, und die ganze Welt erinnert
haben, wann sich jemand gelüsten lassen würde, dem
Betteln der Mönche Einhalt zu thun. So stehet
es wenigstens im Compend. privil. Mendic. §. 7.*)

Aber da muß ich Ihnen Herr Pfarrer, doch
einen Spaß erzählen, der beynahe die Päbste in
Harnisch und Sorgen gebracht hätte. Die Bet=
telmönche behaupteten, sie hätten gar nichts Ei=
genes; vielmehr gehöre so gar das Brod, welches
sie essen, der Kirche; mithin säßen sie nur in ei=
nem bestimmten Genuß; das Eigenthum aber ge=
K   höre

---

*) Gut das in Baiern keine Inquisitio haereticae pravi-
tatis ist, sonst würde der Durchlauchtigste Churfürst
Max. Jos. wirklich darein gefallen seyn, als Er 1776
durch ein Generale allen Bettelmönchen das Sammeln
vor den Häusern verbothen hat.

höre dem Pabst und der römischen Kirche. Dieser Saz wäre schon noch so mit hingegangen. Aber einige sich klüger oder heiliger dünkende Religiose, Ocham Bonagratia und der Ordens-General Michael Cäsennas behaupteten weiter: Christus der Herr als das Urbild, dem die Franciscaner in allem zu folgen geschworen haben, hätte auch kein Eigenthum in einiger Sache, sondern nur allein den Gebrauch gehabt. Da stuzte Johannes XXII. als dieses Vorgeben ruchtbar wurde. Denn er merkte, daß man daraus die Folge ziehen könnte, daß also weder der Pabst, noch ein anderes Kirchenoberhaupt, auch nicht das mindeste Eigenthum haben dörfe, weil doch der Jünger nicht über seinen Meister seyn könne. Mithin würde man das *Patrimonium Petri* ziemlichen Zweifeln ausgesezt haben. Er suchte also die Mendicanten von diesem in dem Perusinischen General-Capitul bestätigten, und auf eine Constitution Nicolai III. gegründeten Saz abzubringen. Da sie aber auf keine Art sich dazu bequemen wollten, begab sich der Pabst, mittelst eines öffentlichen zu Avignon angeschlagenen Edicts, alles Eigentums so seine Vorfahrer über jene Güter und Sachen angenommen hatten, die dem Orden Francisci gegeben oder geschenkt würden. Dadurch gedachte er sie zum

Zehnter Brief.

Geständniß zu bringen, daß sie wenigstens von dem was sie genössen auch einen eigentümlichen Besitz haben müßten. Die Religiosen waren aber mit dieser pābstlichen Entsagung so übel zufrieden, daß der P. Bonagratia di Bergamo in einem öffentlichen Consistorio der Cardinäle sich darwider beschwehret und gesezt hat. Doch da dem Pabst allzuviel daran gelegen war, den Saz der Mendicanten zum Nachtheil der Kirche nicht aufkommen zu lassen, so wurde solcher in einer Bulle: *Cum inter nonnullos* Ao. 1323. als kezerisch verdammt, Christo dem Herrn und seinen Aposteln ein Eigentum zugeschrieben, und der P. Bonagratia auf ein Jahr zum Dank seiner mit so vieler Strenge behaupteten gar zu grossen Armuth eingesperret. Und damit ist dieser grosse Streit mit Beyhülfe sophistischer Distinctionen, die, Gott weiß, blosse Wortspiele sind, gehoben.

Weil dann endlich die Bettelmönche eine obschon masquirte Gattung Eigentum haben dörfen, und doch nicht arbeiten mögen, sollen, oder können, so müssen sie sich das Nöthige freylich schenken lassen; oder weil die Gemeinheit der Güter unter den Christen aufgehoben und die alte Schenksucht für die Kirchendiener ziemlich erkaltet ist, so muß man sie betteln lassen. Ich habe nichts darwider; aber von mir bekommen sie nichts, so lange ich überzeugt bleibe, daß ein unbemittelter Kranker, ein presthafter Alter und ein mit Kindern beladener arbeitsamer Taglöhner ärmer als ein Bettelmönch ist. Ich kenne selbst, sagte er, vernünftige Mendicanten, die nichts mehr wünschen, als daß man ihnen den Bettelsak zustrifen mögt. Ich habe mit einem dergleichen noch nicht vor langem über diese Sache gesprochen, da ich ihm unläugbar erwiesen, daß das 4te Carthaginensische Concilium Av. 398. in der 51. 52. 53. Constitution so gar den Weltpriestern die Handarbeit mit den Formalien geboten: *Clericus quantumlibet verbo Dei eruditus artificio victum quærat. Clericus victum & vestimentum sibi artificiolo vel agricultura, absque officii sui dumtaxat detrimento præparet. Omnes Clerici, qui ad operandum validi sunt & artificiola & litteras discant.* Wobey ich mich erinnerte, daß der H. Augustinus, der dieser Kirchenversammlung mit beygewohnet, kurz darnach in einem besondern Traktat sich der Handarbeit gegen die das Faullenzen vertheidigende Klöster angenommen und ihnen bewiesen habe, daß der H. Paulus nicht, wie sie vorgeben wollen, von der Arbeit geistlicher Unterweisung der Gläubigen, sondern

Zehnter Brief.

dern wirklich von körperlichen Beschäftigungen gesprochen habe. Der Ordensmann gab mir zur Antwort: Ich solle dagegen lesen, was der H. Thomas bennahe eintausend Jahr später dem Betteln für eine schöne Apologie geschrieben, und dabey bewiesen habe, daß Christus der Herr selbst gebettelt, als er den Zachäum vom Baum herabsteigen heissen, um bey ihm zu übernachten. Er wies mich ferner an den heil. Bonaventura, welcher sich der Gründe des heil. Thomas bediene, um den Bettelsak im Credit zu erhalten. Allein endlich mußte er doch eingestehen, daß eben besagter Ordensgeneral kaum 30. Jahre nach dem Tod des heil. Stifters schon die Mängel seiner Mönche in einem zu Paris den 23. April 1257. geschriebenen Brief so abgeschildert, wie man sie noch findet. Er sagt darinnen: „Wenn ich die Ursache „suche, warum der Glanz unsers Ordens verdun„kelt, so finde ich eine Menge von Geschäften, für „welche man mit heissem Hunger Geld verlanget, „und es ohne Vorsicht annimmt, ob es gleich der „grösste Feind unserer Armuth ist: Ich finde den „Müßiggang einiger unserer Brüder, welche in ei„nem unnatürlichen Zustand zwischen Betrachtung „und Handlungen sich einschläfern: Ich finde ein „umschweifendes Leben bey vielen, welche, um ih„rem

„rem Leib Gemächlichkeit zu verschaffen, ihren
„Beherbergern zur Last sind, und anstatt der Er-
„bauung die Leute ärgern: Ich finde die unge-
„ftüme Forderungen, die den Leuten eben solche
„Furcht vor unsern Brüdern einjagen, als ob ih-
„nen Diebe begegneten: Die Grösse und die Be-
„sondernheit der Gebäude, welche unsere Ruhe
„störet, unsern Freunden beschwerlich ist, und uns
„argen Urtheilen der Menschen aussetzet: Die
„Vermehrung des allzuvertrauten Umgangs, den
„unsere Regul verbietet, die zu allerley bösen Ver-
„muthungen Anlaß giebt und unserm guten Namen
„schadet: Die Begierde nach Begräbnissen und
„Testamenten, die uns den Haß der Geistlichkeit,
„besonders der Pfarrern, zuziehet: Die allzuöf-
„tere Veränderung der Wohnpläze, welche eben-
„falls die Ruhe störet, eine Unbeständigkeit, be-
„zeichnet, und der Armuth schädlich ist: Endlich
„die Grösse des Aufwands; denn unsere Brüder
„sind nicht mehr mit wenigem zufrieden, und die
„Gutthätigkeit ist erkaltet. Wir sind mithin je-
„dermann zur Last, und werden es ins künftige
„noch mehr werden, wenn nicht dem Uebel bald
„gesteuert wird."

Zehnter Brief. 151

Was halten Sie, Herr Pfarrer, fragte Gutmann von dieser schon vor fünf Jahrhunderten nach dem Leben entworfenen Schilderung? Haben sich die Mönchen seither gebessert? Oder hat nicht vielmehr die Prophezeyung dieses heil. Vaters zugetroffen? Ich denke, wenn sie nicht etwas schlimmer worden sind, so seyen sie doch wenigstens nicht um ein Haar besser. Das Unglück hat gewollt, daß sie gleich nach der ersten Fundation einen Pabst bekommen haben der enthusiatisch für sie dachte. Das war Gregorius IX Wenn er schon kein Franciscaner war, so ließ er sich doch in ihrer Kutte begraben, und ertheilte ihnen mit sämtlichen Bettelorden so viel Privilegien, Exemtionen und Freyheiten, daß beynahe der liebe Gott in dem hohen Himmel selbst keine Rubrik mehr finden könnte, in welcher ihm nicht der Pabst schon den Rang abgelaufen hat.

Dieser Pabst hatte eben damals die Decretalen herausgegeben, welche vorzüglich aus den — — Constitutionen des hoch — Innocentius III. verfaßt worden. Die heiligste Väter wurden da zu lauter Sonnen, die alles erwärmen, alles beleben. Da es aber auf die Sonne nicht allein ankommt um einen ausgestreuten Saamen Keim und Wurzel fassen zu machen, so sah man die von der

bischöf-

bischöflichen Aufsicht befreyte Bettelorden als die tüchtigste Gärtner an, das dürre Gewissen des Pöbels zu begieriger Auffassung des fremden römischen Saamens zu behaken und in steter Begiessung mit ihren Canzel- und Schullehren zu unterhalten. Wer die Ao. 1654. zum drittenmal gedrukte *Privilegia Regularium*, Pariser Ausgabe in Folio, lieset, der muß erstaunen, mit welcher Kühnheit der Päbstliche Pönitentiarius Chasainus, ein Franciscaner-Mönch, behauptet, daß, nachdem einmal Paulus III. und IV. Gregorius XIII. Sixtus V. Clemens VIII. und andere, ihrem Orden die ausserordentlichen Begnadigungen und Freyheiten aus dem grossen Meer der Päbstlichen Vollmacht zufliessen lassen, die nachfolgende heilige Väter, als z B Martinus V. Gregorius XV. solche ihnen nicht mehr wirksam haben nehmen können oder wollen. Artig ist der Schlupfweg, durch welchen sie sich helfen wollen. Es hieß: Ja es ist zwar wahr, unsere Privilegien sind dadurch widerrufen; allein nachdem eines andern, z. Ex. des Benedictiner- oder Cistercienser-Ordens dabey nicht gedacht worden, und wir mit diesen in einem gemeinschaftlichen Genuß aller Päbstlichen Befreyungen stehen, so bleiben wir als Theilhaber von dem Ganzen auch in unserm Besitz. Sie, die

jure

Zehnter Brief.

jure proprio nichts besitzen wollen, bewerfen sich auf eine fünfhundertjährige Verjährung. Und wenn es nur so ohne einen allzugrossen Lermen möglich wäre, so möchten sie gar gerne dem tridentinischen Concilio eine wächserne Nase drehen. Den Hergang aber bey dieser Kirchenversammlung, wegen der Exemtionen, muß man bey dem Fra Paolo lesen. Man findet da, wie die Ordensgenerale gelermet und den Bischöffen vorgeworfen haben, daß, wenn man das Altertum hervorsuchen und die Mönche der Episcopal=Aufsicht, nach der Vorschrift des Calcedonensischen Concilii, wieder unterwerfen wollte, so müsse es freylich in allem befolgt werden. So bald als die Bischöffe die Lebensart wieder angenommen haben würden, die ihre Vorfahren geführet, so könne man ihnen die Klöster wieder untergeben, wie vordem geschehen. Es wäre aber nicht billig, daß sie die Aufsicht begehrten, so lange sie nicht selbst so lebeten, wie die Superiores der Klöster leben müßten. Die päbstliche Legaten, welche das nützliche Werkzeug der römischen Macht nicht verlieren wollten, fielen ihnen bey, und da blieb es bis auf ein weniges beym Alten. So erzählet ungefehr Sarpi die Sache. Aber ich muß Ihnen dabey sagen, Herr Pfarrer, daß dieser Mann allzufrey geschrieben, und daher seine Werke zu Rom sehr übel angesehen worden sind. Ihn selbst hat man 1606. in Bann gethan, und ein Jahr darauf ermorden wollen. Vitorio Siri in dem ersten Theil seiner *Memorie recondite* S. 434. will aus den Briefen des französischen Gesandten d'Alincourt gelesen haben, der päbstliche Nepot, Cardinal Borghese, habe, wie Sarpi es selbst nennet, diesen *Stilum curiæ Romanæ* über ihn verhängt: Aber ich will es nicht glauben; denn gewiß, es wäre gar zu abscheulich. Van Espen sagt indessen: *Ex his intelligimus, quanta scandala & contentiones per hæc priuilegia contra S. S. Canones & Jus commune per Romanos Pontifices Sec. IX & X. concedi coepta in ecclesia sint exorta & usque modo perseuerent, ut non immerito eorum totalis revocatio sepius expetita fuerit.* *)

Da jedoch die Bettelmönche ihre Privilegien und Exemtionen einmal haben, so wollen wir beyde uns auch nicht darwieder auflehnen. Wenn es die Bischöffe und unsere klügere Weltgeistliche geschehen lassen können, so seye es. Sie werden nun vielleicht über alles, was ich Ihnen so weitläufig daher erzählet habe, denken, ich sey auch ein
Klo-

*) In seinen Werken T. 3. p. 546. Ad Conc. Later. tert.

Zehnter Brief.

Klosterstürmer, und wolle alles was Mönch oder Religios heißt, kurzum abgeschaft wissen. Nein, Herr Pfarrer, dermalen denke ich noch nicht so, ob ich gleich ihre Nothwendigkeit nicht einsehe; und also würden Sie mir Unrecht thun. Alles was ich als ein guter catholischer Christ wünsche, bestehet nur darinnen: Daß die Zahl der Bettelmönche bis zur richtigen Verhältnis mit dem Staat, worinnen sie leben, vermindert, das Bettlen abgestellt, ihre unnöthige den ächten Grund des Glaubens verunstaltende Andächtlereien ausgeschaft, und die Mendicanten dem Land als geistliche Mitglieder nüzlich gemacht würden. *) Das sind vier Punkten die ich als *pia desideria* ansehe. Aber nachdem man in der Welt allerley Systeme schmiedet, und ein müßiger Kopf, wie jezo der meinige ist, doch allemal ein Kopf bleibt, der für sich das Recht zu denken nicht als ein päbstliches Geschenk, sondern aus der natürlichen Folge dessen, was mir in die Sinne fällt, haben darf, so bediene ich mich zuweilen meines Rechts. Ein ehrlicher Mann kann allemal in seinem Gehirn eine Schublade für ver-

---

*) Wirklich denkt man in Baiern ernstlich darauf. Die Franciscaner sollten von 1000, die sie zuvor waren, auf 400; die Kapuziner von 700 auf 450 gesezet werden; und so nach Verhältniß die übrigen Mendikanten.

lohrne Cneepte haben. Die meinige ist ziemlich groß, weil mein Bißgen Erfahrung und vielverträgliche Menschenliebe mir oft die beobachtete Mängel unsers gesellschaftlichen Lebens zurükrufet, und ich mich, als ein unumschränkter Monarch meines Gehirns, sodann eben so gut berechtiget halte, Idealverbesserungen zu träumen, als Plato und des Wielands Diogen, unmögliche Republiken zu erschaffen.

Nun gute Nacht für heute. Wenn sie begierig sind, mich meine Träume beichten zu hören, Herr Pfarrer, so gönnen Sie mir Uebermorgen die Ehre eines Besuchs. Morgen muß ich ein wenig mediciniren, weil das böse Wetter, und eine kleine Mahnung meines Zipperleins mich erinnert, daß einige Unreinigkeiten, die mich gar leicht krank machen könnten, weggeschaft werden müssen.

Lieber Herr Bruder! Es ist mir ein besonderes Vergnügen, daß ich dir meine Aufzeichnungen über meine Gespräche mit Herrn Gutmann abschreiben kann, und aus deiner leztern Antwort weiß, daß dir damit ein Gefallen geschehe. Ich habe den Mann wirklich von Herzen lieb gewonnen. Für einen guten Christen muß ich ihn erkennen; ob er aber auch gut catholisch sey, das kannst du besser

als

als ich, beurtheilen. So viel ist gewiß, daß, wenn er einen Saz vorbringt, der mir nur ein wenig kezerisch scheinet, so ist er gleich mit einem Buch da. Er schlägt mir die Stellen auf. Ich darf sie französisch oder deutsch selbst lesen; das Welsche verdeutschet er mir; und weil sein Büchervorrath zahlreich ist, so fehlet es ihm nie an aufrichtigen Beweisen. Samstag schreibe ich dir wieder.

Morgen kommt der Dechant zur Visitation, und erst Mitwochs Nachmittag fähret er nach Haus. Wann du mir auf Uebermorgen ein Essen Spargel, und ein halbduzend junge Hühner schicken könntest, wollte ich es gerne bezahlen. Dieser Besuch kostet mich wieder über 20 fl. In Gottes Namen! Dem der da bellt, muß man mit einem fetten Brocken das Maul stopfen. Adjeu!

Eilfter Brief.

Den 26ten May 1770.

Ich danke dir, l. Herr Bruder, für dein Küchengeschenk. Es ist mir gar wohl gekommen. Und ja doch, du sollst, so oft ich kann, die Fortsetzung

Mei=

meines Umgangs mit dem alten Herrn Gutmann
wissen. Mit dieser Münze will ich, gerne deine
Gutthaten bezahlen. Ich schreibe leichter drey
Bogen als ich bey meinem elenden Einkommen Ei=
nen Gulden missen kann. Der Herr Gutmann hat
mir auch einen Flaschenkeller mit Wein und etwas
Zuckerbrod gesteuert. Aber schier, wann des Amt=
manns Köchin sich nicht so wohl gehalten, hätte
ich mit unsern Dechant Händel bekommen. Schon
um 8 Uhr am Montag kam er an. In der Kirche
ist er in einem Hui fertig gewesen. Den Schulmei=
ster schnurrete er ein bisgen wild an, weil er ihm
unter der Meß, beym lezten Einschenken zu viel
Wasser in den Kelch gegossen. Von der Schule
wollte er nichts hören. - Er sagte, wann Bauern=
kinder den Catechismus könnten, sey es genug.
Man soll die Buben geschriebene Sachen lesen ler=
nen; bey den gedrukten sey allemal Gefahr; und
wenn ein Bauer nur das Unglück hätte einen lu=
therischen Calender unter die Hände zu bekom=
men, so lerne er etwas Böses daraus. Die Fle=
gel, sagte er, werden so zu gescheid. Wann ein
gemeiner Kerl den Rosenkranz betet und sein Kerb=
holz aufschneiden kann, so ist er der Seele und dem
Leibe nach gelehrt genug. Ich ließ ihm, wie der
Rosenkranz in seiner Meß vorüber war, durch vier

abge=

Eilfter Brief.

abgerichtete Mädgens, nach der Wandlung, ein Mißions=Lied singen. Aber das gefiel ihm gar nicht. Er hat mir scharf verboten, nicht mehr singen zu lassen, weil es uns den Kezern gleich mache. Es schmerzet mich; aber ich muß nun wol wie Er will. Um zehn Uhr giengen wir aus der Kirche, und weil es noch zufrüh zum Tisch war, bot ich ihm einen Spaziergang ums Dorf an, mit dem Zusaz, wir wollten im Heimgehen den Herrn Amtmann, den ich ihm zur Gesellschaft auf Mittag geladen, in seinem Hause abholen. Gott weiß, ich hatte es nicht böse gemeint; aber da war der Teufel los. Was ich, sagte er, ich sollte so einem groben Schelmen, wie euer Dorfamtmann ist, den ersten Besuch geben? Ich als ein Commissarius Apostolicus, der hier heute den Bischof vorstellt. Da kommt Er mir recht, Herr Pfarrer; ich merke wol, daß er sein Handwerk nur schlecht verstehet. Des Grobians Schuldigkeit wäre gewesen, meine Meß anzuhören, und dann mich in der Sacristey abzuholen, und zu einem Caffee oder Frühstük in sein Haus zu bitten. Ich wäre ihm aber doch nicht gegangen; denn so lange der Gutmann in seinem Hause ist, so scheue ich es wie ein mit Pestilenz und ansteckenden Seuchen angefülltes Siechenhaus. Komme der Herr Pfar-

rer,

rer, sprach er, wir wollen heimgehen. Ich muß ein Paar Schaalen Caffee trinken; mein Magen ist noch leer; sonst muß ich immer gähnen. Hat Er mir einen Armsessel in mein Zimmer gestellt? Ich bin gewohnt, vor dem Essen ein Halbstündgen zu meditieren.

Wir giengen also in mein Haus. Geschwind wurde der Caffee gemacht, getrunken, und ich führete ihn in sein Zimmer, welches meine l. Mutter mit Bett= und andern Geräthschaften aus dem Schloß recht niedlich zurecht gemacht hatte. Der Herr Dechant schloß sich ein — und bald darauf hörete ich ihn schnarchen. Das Mittagsessen war auf den Glockenschlag zwölf Uhr bestellt. Eine halbe Stunde zuvor kam unser Herr Amtmann. Ich klopfete anfänglich ganz sachte, und endlich ziemlich hart an der Thür. Sogleich hörete ich den Dechant aufspringen. Er nahm geschwind sein Brevier. Und als ich ihm das Daseyn des Herrn Amtmanns meldete, ließ er ihn zu sich kommen, murmelte noch immer als wenn er betete, beklagte sich anbey beym Eintritt sehr, daß er just *De ea* sey, und fast nicht fertig werden könne, weil er seine Brille vergessen, und sich die Augen ganz dick gelesen hätte. Da er mir in der Kirche so heftig gegen den Amtmann losgezogen, dacht ich,

er

Eilfter Brief.

er würde ihm ein Bischen schnöde begegnen; allein er war so höflich als er mit seinem besten Freund hätte seyn können.

Nun giengen wir zu Tische. Bis zum Braten wurde nicht viel geredet. Als ich aber eine Flasche von des Herrn Gutmanns Wein holete, und diese schier getrunken war, da wurde das Gespräch lebhafter. Der Dechant fieng an ein Bischen groß zu thun, und von der Beschwerlichkeit seines Amts, von seinem Credit bey der Curia, von der gottlosen Welt, und von den grossen Fürsten zu reden, die der Teufel gegen die Kirchenimmunitäten aufgewiegelt, und nun am Seil führe. Er sagte, man habe auch ihm schon an seinem Kirchhof ein Grasplätzgen abstreiten, und als ein gemeines Etabtalisment dem Mann beylegen wollen, der den Stier halten müsse: Aber, sagt er, ich verstehe meine Sache, ich bin S. S. *Theologiæ Promotus* zu D*.* und ich habe dem Burgermeister eines zu schmeken gegeben, das er lange nicht verdauen wird. Auf der Canzel habe ich ihm seine Streiche vorgeworfen: Und wenn er sich nicht begriffen und mich durch den P. Florian wieder besänftiget hätte, so wollte ich ihn in drey Predigten so vor den Leuten herunter gemacht haben, daß kein Burger einen Hut

mehr vor ihm abgezogen hätte. Er ist ein böser
Mann; er sauft, hat schon eine seiner Mägde ge-
schwängert, und nimmt mit beyden Händen an.
Hier im Vertrauen gesagt, sezte er bey; (denn
Gott bewahre mich, daß ich einem Menschen was
Uebels nachsagen wollte) wir sind jezt ohnehin
gute Freunde so lange es dauert. Die Unterredung kam darauf auf unser Dorf und auf die Amts-
geschäfte. Herr Amtmann, sagte der Dechant, ich
glaube Sie haben auch ein schweres Ueberbein im
Haus, weil Sie den alten Kezer, den Gutmann
bey sich beherbergen müssen? Im Gegentheil, versezte der Amtmann, es würde mir leid seyn, wenn
ich ihn verlieren sollte. Es ist zwar wahr, daß
er sich manchmal ein wenig in Amtssachen mischt,
und armen Leuten auch gegen meine Sprüche rathet und Schriften macht. Aber sonst ist er ruhig,
immer fröhlichen Gemüths, von guter Unterhal-
tung. Er zahlt alles bey mir für Kost und Wäsche ordentlich. Meinen kleinen Buben hat er mir
aus Spaß französisch gelehrt, und die biblische
Geschichte nebst andern Historien so artig und
spielend beygebracht, daß die kleine Kröte manchmal wolgar mehr weiß, als ich. Lieber Herr
Bruder, da hättest du sehen sollen, wie sich das
Gesicht des Dechants auf einmal verfinsterte. Es
war

Eilfter Brief.

war wie ein Aprilsturm. Doch hat er sich nicht getraut ein Wort dagegen zu sagen. Ein Unglük aber für mich ist es gewesen, daß der Amtmann mich zum Zeugen des Gutmanns Wohlthätigkeit nahm und sagte: Der Herr Pfarrer kann es am besten bekräftigen, weil er seit einigen Wochen mit ihm einen fleißigen Umgang hat. Ich winkte dem Amtmann, und wurde blaß. Der Amtmann verstummete — und der Dechant ward feuerroth. Er trank noch ein halbdutzend Gläser in der Geschwindigkeit nach einander, stund auf, entschuldigte sich gegen den Amtmann wegen noch aufhabenden Visitationsgeschäften, und lief in sein Zimmer. So bald er den Amtmann die Treppe hinabgehen hörte, hat er mich zu sich gerufen; und da gieng der Tanz an. So, sagte er: Also ist das die Frucht meiner dem Herrn Pfarrer lezthin gegebenen väterlichen Ermahnung, daß Er jezt gar mit dem Erzfeind der Geistlichkeit, mit dem heillosen alten Spötter, dem Gutmann, Gemeinschaft und Umgang pfleget, und damit seine Seele muthwillig zum Teufel schicken will? Aber das soll mir in meinem nächsten Bericht die Curia wissen. Dann kan er brav *Exercitia* machen, und vielleicht gar um die Pfarrey kommen. *Admonitionem salutarem* hat er schon durch mich bekommen, nun kommt die *Correctio episcopalis*, und dann *Mutatio*. Mich dauert Seine liebe Mutter; aber es ist aus, hier kann Er nicht bleiben. Ich ließ ihn vertoben und dann sagte ich: Ew. Hochw. haben selbst befohlen, ich soll noch einmal zu dem Gutmau gehen, und ihn auszunehmen suchen, wie und was er denke. Das habe ich gethan; und weil der Mann etwas weitläufig schwazt, auch oft von kleinen Geschäften, oder Gesundheitsmängeln unterbrochen wird, so habe ich auf einmal mit ihm nicht ausreden können. Dieses hat einen zweyten, und dann noch einige Besuche erfordert. Ich darf aber auf meine Priesterschaft versichern, daß ich noch nichts anders als einen weltlichen tugendsamen Mann an ihm gefunden, der unter der Geistlichkeit einen grossen Unterschied zu machen weiß, und wann er schon für die Bettelmönche nicht gar vertrauenvoll eingenommen zu seyn scheint, so hat er mir doch insbesondere E. Hochwürden als einen gescheiden, gelehrten, einsichtlichen und aller Hochachtung werthen Mann angepriesen; er wundert sich nur, daß man Sie so lange in dem kleinen Städtgen lasse, und nicht schon mit einem Canonicat an den Hof zum geistlichen Gericht berufen habe. — Gott verzeihe mir meine Nothlüge! Aber sie that ihre Wirkung. — Mein Herr Dechant

Haut wurde sanftmüthiger. Ich mußte ihm mehr denn sechsmal das nämliche wiederholen. Und er selbst war so überzeugt, daß Herr Gutmann recht habe, daß er endlich geständ es nehme ihn Wunder, warum man bey Hof nicht eben so denke. Mit einem Wort, das Ungewitter gieng für diesmal glücklich vorüber. Ja er wollte endlich gar, ich sollte mit ihm zum Gutmann gehen; er müsse den ehrlichen Mann näher kennen lernen, der ihm Gerechtigkeit widerfahren lasse. Du kannst dir leicht vorstellen, wie unaussprechlich bange mir bey einem so unerwarteten Entschluß geworden ist: ich konnte nicht anderst, meine Zuflucht mußte ich zu einer andern Lüge nehmen. Ich fieng daher an, ihm vorzustellen, wie übel es sich schiken würde, wenn der Herr Dechant dem Gutmann den ersten Besuch geben wollte; alle Leute im Dorf würden glauben, er gienge zum Amtmann, und das könnte zulezt ein Präjudiz für die nachfolgende Visitationen werden. Zudem sey der Herr Gutmann nicht wohl auf, und es könnte gar leicht geschehen, daß er den Besuch anzunehmen außer Stand wäre: dieses könnte sich Seine Hochwürden nicht anders als zum Schimpf rechnen. Ich sezte bey, er habe mir selbst gesagt, sein erster Ausgang in die Stadt soll zu dem Herrn Dechant seyn. Endlich gestund ich gar, daß der

Wein,

Wein, der Seiner Hochwürden so gut geschmeckt, ein Geschenk von Herr Gutmann sey. Gott lob! Damit war alles gut. Er entließ mich in Gnaden, sagte er müsse schreiben, und glaublich hat er eine Stunde im Sessel verdaut.

Um 5 Uhr ließ er den Schulmeister rufen. Ich muß dir sagen, lieber Herr Bruder, daß aus meinem in des Dechants Zimmer ein kleines Fenster gehet; das hatte ich mit einem Bild überhängt, und da konnt' ich ungesehen alle Worte hören. Nu, wie geht es, Schulmeister, war die Anrede? Gar gut Ihr Hochw. Excellenz. Wie seyd ihr mit eurem Pfarrer zufrieden? Sehr wohl, er ist ein wakerer, fleißiger und guter Herr. Vergiebt er nichts von seinen Pfarreinkommen, *Juribus stolae*, oder sonst am kleinen Gras oder Obstzehnden? Ich weiß nichts, als daß er den armen Leuten im Dorf umsonst tauft, und manchmal auch umsonst begräbt; hernach wenn ihn ein nothdürftiger Unterthan, der Futtermangel und doch Kühe und Kinder hat, anspricht, ihm den Gratzehenden schenkt, im Obst aber nimmt, was man ihm bringt. Ey, das ist nicht recht; er ist halt noch ein junger unhäuslicher Mensch; das will ich abstellen. Wie viel Kinder habt denn ihr, Schulmeister? Fünfe, wann mir sie Gott behütet, das älteste Mädgen,

von

Eilfter Brief. 857

von achtzehen Jahren, dient im Amthaus; ein
Bub von sechzehn lernt das Schusterhandwerk;
der zweyte von vierzehn wird ein Schreiner; dann
habe ich noch ein Mädgen von zwölf, und einen
Buben von neun Jahren. Laßt ihr keinen studiren? So viel als ich weiß lerne ich sie selbst, und
dann thue ich sie zu einem Handwerk. Aber warum? Euer Hochw. Excell. können leicht ermessen,
daß mein Einkommen nicht groß ist. Zum Studiren gehöret Geld; darnach laufen so viele Juristen in der Welt umher die kein Brod bekommen,
weil sie wenig haben lernen wollen oder können.
Die geistliche Versorgungen, Pfarreyen und dergleichen sind auch rar; und dann, wann so etwas
ankommt, so läuft man dutzendweis darnach. Ich
habe keine angesehene Freunde und kein Geld. Ich
dächte also, es sey für ein Kind armer Eltern besser sorget, wenn es ein ganzer Handwerksmann,
als wann es nur ein Achtelsgelehrter werde. Um
30 fl. nimt es jeder Meister in die Lehr, und um
das Geld kauft man wenig Lateinisch. Unser Schullehrer vor wenig Tagen mit weinenden Augen
sagte, daß ihn sein Sohn schon über 300 fl. kostet, daß er Haab und Gut bey der Gemeinde
verschreiben müße um ihm einen Titul zu verschaffen, jezt könne er halt ein bisgen Meß lesen, und
müße fast wie ein Mezger von Haus zu Haus betteln,

Eilfter Brief.

teln, bis er 20 kr. zu verdienen bekomme. Ihr seyd ein Geck, sagte der Dechant. Gott hat den Menschen zu einer grössern Vollkommenheit erschaffen. Da nun der geistliche Stand, wie ein jeder weiß, weit vollkommener als der weltliche ist, so sind alle Leute verbunden, wenigstens eines ihrer Kinder dem allmächtigen Schöpfer Himmels und der Erden wieder zu opfern. Freylich sehet ihr an mir das Exempel, daß man gelehrter als andere seyn muß, wenn man so hoch steigen will; aber eben darum, weil der barmherzige Gott für alle seine wahre Diener sorgen wollte, und doch nicht jeder den Kopf zum Studieren oder die Mittel hat, so ließ er durch H. H. Leute die Orden stiften. — Mit 100 Thlr. könnt ihr einen Sohn, wenn er stark und gesund ist, zu den Franciscanern oder Capucinern bringen, da ist er auf sein Lebenlang versorgt und ein Herr. Mein Schulmeister blieb ein wenig still. Hä, Schulmeister, was wollt ihr darauf antworten, rufte der Dechant. — Ich kenne ihn, und war also überaus begierig, auf seine Antwort. Er hustete, reisperte sich, und sprach ziemlich lebhaft: Wann ich einen Bettler haben will, so brauche ich gar nichts an ein Kind zu wenden. Euer Hochw.Excellenz nehmen mir es nicht übel, aber ich bin hier geboren und erzogen: Wann die Herrn Terminanten kommen, so muß ich oft

mit

mit ihnen in den Häusern herumgehen, oder was
sie dem Bauern abgezwungen haben, abholen und
in den Pfarrhof tragen; da weiß ich am besten,
wie hart es bey den Bauern hergehet. Sie geben wohl weil sie müssen; der eine aus Scham,
der andere um sich reich zu stellen, der dritte weil
seine Frau eine Detschwester vom dritten Orden
ist; und einige aus Leichtgläubigkeit, weil der
Pater Terminant den Himmel verspricht, oder
mit der Hölle drohet, und der arme Mann sich
für den losen Mäulern oder gar dem Vorwurf im
Wirthshaus fürchtet. Aber Gott weiß es, wie
manchem zu Muth ist, wenn gerade nach dem ter-
minirenden Geistlichen der Presser in das Haus
kömmt, und noch ein Stük Hausrath zu Bezah-
lung der Herrschaftlichen Abgaben wegnimmt, da
just zuvor der Pater so viel gebettelt als zur Zah-
lung des Pressers nöthig gewesen. Ich thue deßwegen den H. H. Orden nicht zu viel, sagte er;
sie sind mir liebe Männer und fromme Herren;
weil sie nichts haben, so müssen sie betteln. Wir
werden gelehret, das, was man ihnen giebt, sey
Gott selbsten geschenkt. Ich gebe ihnen auch:
Wenn dann ich nicht viel im Haus habe, und selbst
mit meinen Kindern troken Brod essen muß, so
lang meine Kuhe keine Milch giebt, da muß ich

an

am besten wissen, Ihr Hochw. Excellenz, wie
schwer es mich ankomme Schmalz beym Krämer
auf Borg zu holen, damit die Herrn Franciscaner
eine fette Suppe essen können. Für andere Leute
habe ich nicht zu sorgen. Ich denke aber ein für
allemal, von meinen Kindern soll, so lange sie gerade Glieder haben, keines betteln, und, weil ich
kein Geld habe, keines studiren. Der Dechant
hatte Mühe den Mann auszureden zu lassen. Allein, da just der Amtmann auf ein Abendspiel wieder kam, so wurde dem Schulmeister eine derbe
Lauge verhütet.

Uebrigens gieng den Abend noch vollends alles
gut, und man legte sich zeitlich zu Bette.

Mitwochs nach der Meß kam der Dechant
unvermuthet in mein Zimmer, und verlangte meine Bücher zu sehen. Ich entschuldigte mich mit
meiner Armuth, die mir nicht erlaube etwas gutes
anzukaufen; und wenn ich auch Geld hätte, sagte
ich, so wüßte ich nicht was es eigentlich für rechte
taugliche Bücher in der Welt zu meiner Seelsorge
gäbe. Das hat nichts zu bedeuten, antwortete
er, es ist mir lieber Er habe wenig als viel —
und damit machte er meinen Schrank auf. Die
ersten viere, die ihm in die Hände kamen, waren

Ju-

Judas der Erzschelm vom P. Abraham. Gut, sagte er; das sehe ich gerne; das Werk ist geistreich und späßig; solche Predigten machen die Bauern aufmerksam, und man kann auch oft in Gesellschaft gute Gedanken anbringen und sich Ehre machen. Ich selbst kann ihn gewiß bald auswendig. Dann fand er *Conciones Dominicales P. Justini, Carmelitæ,* und die christliche Wahrheiten des Jesuiten Brean. Mit denen, ob er sie gleich nicht kannte, war er so wohl als mit P. Neumeyer, Sebast. Seiler, meinem Busenbaum, dem *Firmamento veritatis* des P. Razenbergers und des Cartheuser Rössel *Praxi deponendi Conscientiam* wohl zufrieden. Das waren nun meine eigene Bücher alle. Aber was wollte ich darum gegeben haben, wenn ich die andere hätte zu Gesicht bekommen können: Es stunden noch Etliche da, die mir Herr Gutmann geliehen. Er nahm das erste; es war ein Band von den Werken des Hrn. Bossuet. Was sagt er, da ist ja ein Franzos! Ich antwortete demütig, ja, ich hätte es von dem Herrn Gutmann mit nach Hause genommen. — Und dieses, fragte er: Nämlich ein Band von Fleury Kirchengeschichte. Es gehöret auch dem Herrn. Und dieses? Es waren drey Theile vom P. Bourdaloue. — Sie

sind

sind nicht weniger Herr Gutmann zugehörig. — Da haben wir es, sagte er. Höre Er, Herr Pfarrer, ich will glauben, daß der Gutmann meine Meriten erkenne; warum, ich bin bekannt, und man müßte dumm seyn, wann man anderst dächte. Nicht das ich mich rühmen will. Aber ich halte doch den alten Mann in der Haut nichts nuz. Ich sehe es am deutlichsten aus den Büchern, die er Ihm gegeben. Wann die Pursche da wahr catholisch hätten schreiben wollen, so hätten sie ja deutsch geschrieben. Sehe Er, mein l. Herr Pfarrer, die Franzosen sind allezeit Feinde der deutschen Nation gewesen; sie haben mich im Vierzigerkrieg auch *ex odio religionis* hart mitgenommen. Ihre Feldpatres hatten gepuderte Haare, und, weil sie das Concilium Tridentinum nicht angenommen, so heißt man sie Jansenisten; freylich Schauzenisten; man sollte sie alle auf die Schanz thun können. Haben sie nicht die Jesuiten verjagt? *Ex ungue Leonem.* Gehe Er gleich die Bücher zurük. Es ist ein Unglük für ihn, daß Er französisch verstehet. In so Bücher stekt verborgenes Gift. Das heißt nichts. Wie heißt dann dieses, fragte er? Ich sagte, es wäre die wahre Andacht eines Christen vom Muratori, auf deutsch übersezt. Ja das ist eben recht.

recht. Ich habe gehöret, Gott habe ihn mit Blindheit an beyden Augen gestraft, weil er für den Kaiser gegen den Pabst geschrieben, und in allen seinen Büchern gegen die Ketzer kein einziges Schimpfwort gebraucht. Das wird rar catholisch seyn. Hat er noch mehr etwas von Gutmann? Nein Ew. Hochwürden: Nun heute noch schike Er ihm alle das Zeug wieder. Und wann Er sich doch etwas anschaffen will, so lasse Er sich den Ritter von Bandel von der Post kommen. Der Mann ist ein wahres Zeughaus von catholischer Gelehrtheit. Er macht auch Spaß, aber es ist mit lauter Narrenteyen die schönste Controvers. Und wenn sich nur ein Ketzer regt, so hat er gleich eines recht grob auf die Nase. Man muß manchmal für Lachen schier bersten, und gleich darauf wieder citirt er so gründlich, daß man für Unmuth weinen möchte. Hört ers, den bestell Er sich; er ist für ein Jahr nicht theuer. Sehe Er, da hat Er ein Stük davon. Er zog eines aus der Tasche; das las er: Ich habe zwar sagt er bey heute Morgen ein Blat davon verbraucht, aber Er kann doch an dem Ueberrest noch den Geschmack des Mannes sehen.

Was

Was ist denn das für ein geschriebener Zettel, fragt er, der da an die Schrankthür genagelt ist? Es sind Titel von Büchern, die ich gerne nach und nach anschaffen möchte, wann uns Gott Leben und gute Jahre verleihet. Laß Er mich das Ding lesen, sagte er. Van Espen, *Jus Ecclesiasticum*. Der ist nicht rein. Der Pater Lector von E** versichert mich, daß der Mann in Rom nicht wol angesehen sey. *Summa Conciliorum* von Ludovico Bail. Was Bail? Das ist ein Kerl der ärger geschrieben hat als der Teufel selbst. Er soll ein Dictionarium für die Schulen in Holland herausgegeben haben; da müssen alle Wörter ketzerisch seyn; denn er ist zu Rom verboten. Hißfenwetter *Dialogi apologetici pro statu Petrino seu ecclesiastico*. Laß Er das Ding weg; ich sehe das ist gegen einen Jesuiter geschrieben. Herr Pfarrer, Er hat so gut bey den Jesuiten als ich studirt. Ein Vogel muß nicht in sein eigen Nest machen. Cabassutius *Notitia ecclesiastica*. Der Name gefällt mir nicht. Was will er mit dem Gezeugs machen? Geographisch Wörterbuch, Historisch Wörterbuch, Haushaltungslexicon. Mein, wer hat Ihm die Narrnteyen in den Kopf gesezt? Ich bitte Ihn, nicht gescheider als andere ehrliche Leute werden zu wollen. Wer

weit

weit fragt, geht weit um. Selig sind die Einfältigen im Geist. Wenn man in das verfluchte Lesen kömmt, da grübelt man nach. Und der Teufel streuet immer Unkraut darunter. Wir lesen nicht, daß Christus der Herr, der die ewige Weisheit gewesen, eine Bibliothek mitgeschleppt; und von den Aposteln hat auch keiner in Buchläden *** Im Gegentheil sehen wir, daß sie immer gegen die Schriftgelehrte geschmähet haben; ein Zeichen, daß schon damals allerhand verbotenes Gezeug mit kezerischen Propositionen muß *** worden seyn. Spare Er das Geld für *** Kleid, oder ein gut Glas Wein. Ein *** bekömmt doch immer gute Freunde die ihn *** ; und da muß man seinem Stand doch Ehre machen. Glaube Er mir, ich meine es gut, und weiß was für Ihn taugt.

Als er mir eben noch einen Haufen Lehrstücke sehen wollte, wurde vom Schulmeister gemeldet, daß der P. Guardian und P. Fulgentius von E** angekommen seyn, um Ihro Hochw. Excellenz aufzuwarten. Ich versperrte geschwind meinen Schrank, und steckte den Schlüssel tief in Sak. Der Dechant gieng in sein Zimmer, und die Herren P. P. wurden von mir zu ihm begleitet. Bey

dem

dem Eingang bückten sich beyde P. P. so tief, daß ich glaubte, sie würden den Herrn Dechant wie einen H. Leib verehren. Der Guardian führte das Wort, und schäzte sich überaus glücklich, wieder einmal die hohe Ehre zu haben, Seine Hochw. zu sehen. Er schwazte von der demüthigen Aufwartung und schuldigen Hochachtung, empfahl sich und sein armes Klösterlein zur allesvermögenden Protection. Ich habe in meinem Leben nicht so viel und so tiefgebeugte Complimente gehört. Der Dechant versicherte sie seiner Wohlmeinung, und versprach bey allen Gelegenheiten ihrer eingedenk zu seyn. P. Fulgentius hatte ihm zwar auch das H. Meßopfer offerirt; aber, da der Dechant schon gelesen hatte, so gieng der Franciscaner allein in die Kirche. Ich ließ die Herren beysammen, und gieng in mein Zimmer an das bedekte Fenster. Da hörte ich allerley Neuigkeiten.

Er ist noch ein junger Mann, sagte der Dechant; (das war von mir gesprochen) er weiß noch nicht viel, aber er ist doch fromm und gehorsam. Ja, sagte der Guardian; doch habe ich gehört, daß er nun schon mehrere Tage hintereinander bey dem alten Gutmann gewesen. Ich warne deßwegen Euer Magnificenz. *Noscitur ex socio*. Man

gehet-

Eilfter Brief.

gehet selten mit einem rußigen Kessel um ohne sich
zu beschützen. Des Herrn Amtmanns alten Kinds-
magd habe ich zwar durch ihren Beichtvater, den
P. Benignus, befehlen lassen, ein wenig Acht
auf beyder Umgang zu haben; aber bis jezo hat
sie noch gar nichts referieren können. Das Mensch
sagt, es lägen immer Bücher auf dem Tisch, und
der Pfarrer schriebe dann und wann etwas in sein
Taschenbuch; wenn sie aber in das Zimmer trette,
so redeten gleich beyde französisch. Ich weiß nicht
was daran ist; allein diese Magd, wir haben sie
in die Gürtel Bruderschaft aufgenommen, behauptet, es gehe bey dem Gutmann nicht richtig her.
Sie habe in der Wallburgisnacht, kurz vor 12.
Uhr, den alten Aetl das Fenster aufmachen gehöret; gleich darauf seye es nicht anderst gewesen,
als wann in seinem Zimmer der böse Feind rumo-
re. Es wäre ein Sessel gefallen und das Nacht-
licht ausgelöscht. Sie habe darauf aus ihrem
goldenen Himmelsschüssel das Gebet, das man
zu Beschwörung des Ungewitters gebraucht,
andächtig gesprochen, weil es auch kräftig gegen
die Hexen eingerichtet ist; und da sie, wie es dabey vorgeschrieben ist, in die Luft Weyhwasser ge-
sprützet, so glaube sie damit verhütet zu haben,
daß der Gutmann nicht habe ausfahren können.
M Denn

Denn als sie noch vor 5. Uhr Morgens ihm Feuer angemacht, habe sie ihn deutlich reuspern hören. Aber ganz verstört sey er gewesen, wie sie ihm das Theewasser gebracht; und weilen sie auf die Kohlen mit Fleiß ein wenig Hexenrauch geworffen, so habe der Alte sich sehr über Gestank beklagt, und gleich alle Fenster aufmachen lassen. Die stärkste Probe aber ist, sagte er, daß, als das Mensch, auf ihres Beichtvaters Geheiß, ihm bey seinem letzten Anfall des Zipperleins heimlich ein Amulet unter das Kopfküssen geleget, er die ganze Nacht nicht ruhen können, sondern beständig schlaflos gewinselt hat. Ja, sagte der Dechant, das kann wohl seyn; aber ohne stärkern Anlaß kann ich ihn nicht deseriren. Es ist Schade um den Mann; denn wie ich höre, so hat er doch ein gutes Jubileum. Er weiß die Leute nach ihren Verstand zu schätzen, und er soll wirklich von Männern meines gleichen nicht ohne Grund urtheilen. *Reverendissime Domine (ne credas!)* Erwiederte der Guardian. Ich darf meinen Autorem nicht nennen; aber er hält uns alle für Esel. Das mag er wohl für Sie denken, versezte der Dechant. Aber ich weiß doch, daß er vollkommen wohl unterrichtet ist, daß ich etwas weiß; und wenn Sie so sprechen wollen Herr Patery, so bitte ich Sie zu glauben, daß ich

nicht

Elfter Brief.

... mit zu der Gesellschaft des H. Antonii gehöre. ... Sie den Esel für sich. Ey, sprach der ..., an der besondern Gelehrtheit von Euer ...nificenz kann freylich niemand zweifeln, wer ...mal das Glük gehabt hat, eine einzige Pre=
... von Ihnen zu hören; aber so ein Feind der ...heit, wie Gutmann, macht Distinctionem. Er ... für Dieselbe wohl, in so viel er Sie ... einen Gelehrten betrachtet; allein abstra=
..., qua Geistlichen und Priester, nego. Des ... ist er spinnenfeind, quod probo. Er ... einen Bauern, der eingethürnet worden, ... dem Amtmann 1 fl. Straf nicht erlegen ..., trofen in das Gesicht gesagt: "Er hätte ... Kalb, das er uns, zu Ehren des H. ... Francisci, aufziehen muß, verkaufen und ... einstweilen helfen können." Die Fran=
... dürften kein Eigentum haben; wir hät= ... also nicht zurükfordern und er das einmal ... geben können." Quaß vero, als ... ein Bauer nicht lieber 4. Wochen im ... bleiben, als der Religion seinen Gehor= ...bezeigen sich weigern soll. Das ist endlich ... der Dechant; der Mann hat als ein ... betrachtet, teuflische Principia. Wis=
... wir? Lassen Sie ihm weiter nachspüh=

M 2 ren

ren; wenn ich ihn auf der mindesten Fehltrittigen unsere Hierarchie ertappe, so soll er seines Elendes kein Ende wissen. Aber genug hiervon.

Was macht denn mein Confrater, der Dechant von O**? Sie wissen, daß wir der Mann von Herzen zuwider ist. Er bleibt der Alte, antwortete der Guardian. Hoffart und aufgeblasene Dummheit sind seine Tugenden. Ich schikte hin den P. Damasus auf den Termin in seine Pfarrey. Meinen Sie, daß er ihn über Nacht behalten? Ey bey Leibe nicht. Die Köchin sagte gleich, es wären ihre Better alle, wegen der Durchreise der Dauphine, zu O** weggeliehen, und noch nicht wieder heimgegeben worden. Das war aber nicht wahr; denn wir haben uns erkundiget. Allein der Mann kann noch in ein grosses Labyrinth kommen. Des Schultheissen Frau kömmt oft in den Pfarrhof. Sie ist schwanger. Ihr Mann ist vor einiger Zeit nach Wein in das W** gefahren. Ich habe ihr den Tag aufgeschrieben und will ihn gewiß nachrechnen. Ihre Nachbarin hat mir gesagt, die Schultheißin grüsse alleinas dem Herrn Dechant so freundlich, und man sehe wohl, daß sie Schuld daran sey, daß das Dorf nicht gepflastert werde, damit sie Ursache habe, über den

Kirch-

Kirchhof heimzugehen, wann sie vom Garten kommt. Man soll von keinem Menschen übel richten; aber, aber das sind schwere Indicia. ... Wissen Euer Magnificenz schon, was vor drey Wochen im Schloß zu M ** paßiert! Der gnädige Herr, der bekanntlich des Jägers Frau gerne sieht, hat die gnädige Frau, die ihn auf dem Heuboden erwischen wollen, erbärmlich geprügelt. Sie ist darauf in die Stadt gefahren, und hat sich mit dem sarbütischen Lieutenant in Sicherheit besprochen, mit dem sie ihr Herr immer verirt. Ich habe unserm Bruder Dismas, dessen Schwester in der Schloßküche dient, aufgegeben, mir von der ganzen Sache genaue Nachricht zu verschaffen. — Der Amtmann von S. ** wird nächstens den Abschied bekommen. Er hat seinem gnädigen Herrn Geld schaffen sollen; und da fand sichs, daß er vielmehr einen guten Freund gewarnet nichts herzuleihen, weil er nichts wieder bekomme. Wir haben es erfahren, und den gnädigen Herrn davon durch die dritte Hand benachrichtigen lassen. Der Amtmann ist ein böser Mann. Ehe er zu dem Dienst gekommen, hatten wir immer von der Dorfsgemeinde jährlich zwey Klafter Holz. Der gottlose Mensch hat es abgestellt, und die Bauern darzu nöthiget, daß sie jetzo das nämliche Holz dem

Schul

Schulmeister geben, unter dem Vorwand, er sey schlecht besoldet, und man könne sonst keinen tüchtigen Menschen für die Jugend bekommen. Ich hoffe einen andern, der uns sehr geneigt ist, an seine Stelle zu bringen. Wir haben den Kammerdiener, der viel gilt, auf unserer Seite; und da muß die Sache gehen.... Vom Hof hört man wunderliche Sachen. Der Regierungsrath G**, ein bekannter Freygeist, hat dem Fürsten ein Project in das Cabinet gegeben, welches von Verminderung der Klöster, und Verbesserung der Pfarreyen die kezermäßigsten Säze enthält. Der Fürst, wie dann so Herren sind, soll es sehr wol aufgenommen haben. *Ecce* den Finger des Allerhöchsten! Just mußte das Jubiläum kommen. Da bekam sein Beichtvater der P. B***, ein geschikter Jesuit, die Gelegenheit ihm in die Eisen zu gehen; Und es wurde unterdrükt. Ich habe durch einen geheimen Cancellisten, der einen Bruder in unserm Orden hat, eine Abschrift davon überkommen. *Sub sigillo* kann ich Euer Magnificenz eröfnen, daß ich durch unseren P. Victorinus an einer Widerlegung arbeiten lasse. Ich habe ihm im Namen des P Provincials befehlen müssen, tapfer mit Kezern und Excommunicationen um sich zu werfen. Wenigstens macht es beym Volk Aufsehen

und

Eilfter Brief.

und dem Fürsten einen üblen Namen. Jetzt sind wir mit aller Macht daran, den Regierungsrath wegzubeissen. Denn ich fürchte, er läßt nicht nach. Das Jubiläum ist vorbey; große Herren aber sind wankelmüthig. Daß aber sicher dieser Regierungsrath der Verfasser des gottlosen Projekts sey, wissen wir von seiner Frau. P. Saltantius ist ihr Beichtvater, und weil sie eine Scrupulantin ist, muß er alle Wochen zwey oder dreymal bey ihr seyn. Der Regierungsrath siehet es gar nicht gerne. Und da muß man ihr das Gewissen ein wenig warm und orthodox halten. P. Fulgentius kam von der Kirche zurük; mithin unterbrach er das Gespräch.

Wir sind bald darauf zu Tische gegangen, wobey alle auf eine halbe Stunde die Sprache verlohren hatten. Zwey Flaschen Marggräfler belebten uns endlich wieder und lüseten uns die Zungen. P. Fulgentius fragte mich, ob der verstorbene Pfarrer, mein Vorfahrer, sich noch mit einem Gepolter dann und wann im Haus hören ließ? Ich sagte, Nein: Es wäre mir auch leid, daß ich mich durch das einfältige und boshafte Geschwäz einer Nachbarin verleiten lassen, zu glauben, daß der selige Mann zum Gespenst worden sey, da ich doch seit mehrern Wochen nun durch

mei-

meine Augen und Ohren überzeugt seyn, daß der Lermen von Mardern und Kazen hergekommen. Ich gestand, daß ich seiner Seele mein Jubiläum gewidmet, und nachher, als das Getappe doch nicht aufgehöret, selbst mehrere Stunden auf meiner Bühne gepasset, und endlich zweymal so glücklich gewesen, dem tollen Springen und Liebeshistorien dieser Thiere mit beyzuwohnen, mich aber damit von einem sehr sündlichen Argwohn zu befreyen. Dieser Ton gefiel meinen Franciscanern nicht. Sie sahen den Dechant an, als wollten sie um Erlaubniß bitten, mich auf den rechten Weg zu weisen. Endlich sagte der P. Fulgentius: Euer Ehrwürden sind seit kurzem zu seltsamen Begriffen gekommen; es scheint fast, als wollten Sie die Gespenster läugnen! Ich antwortete, nein; aber ich glaubte doch, daß man nicht so leichtsinnig alle Mährlein zu Evangelien machen, und manches ehrlichen Mannes Gedächtniß nach dem Tod noch verunglimpfen sollte. Das ist schon wahr, versezte der Dechant: Allein man muß auch nicht gleich allzufreygebig mit dem Himmel seyn, sonst fällt man nach und nach auf kezerische Irrtümer, und dann ist man mit dem Fegfeuer bald fertig. Ich versicherte, daß ich gewiß nicht daran zweifle; aber ich müsse zugleich gestehen, daß ich nicht mehr

so

Eilfter Brief.

so leichtgläubig sey als ich es gewesen, seitdem mich meine Augen vor dem Betrug der Ohren gewarnet. Ich wisse, sagte ich, daß gar oft dergleichen Gespenster nur in dem Gehirn boshafter Leute erzeugt werden, und Ehrendiebstäle nach dem Tod blieben. Mehrere Beyspiele, die ich seit kurzem gehöret, hätten mich in meinem Urtheilen behutsamer gemacht, und überwiesen, daß von 100 Gespenster- und Hexenhistorien 98 Unwahrheiten zu subtrahiren wären. Hier konnte sich der P. Guardian nicht mehr halten; er fuhr über mein letztes Geständniß mit lebhafter Hitze auf, bat den Dechant um Erlaubniß mich confundiren zu dörfen; (so nennte er es) und da er den Capuz zweymal über den Kopf und wieder zurük geschupft, sagte er: Hr. Pfarrer, das sind wirklich, Gott bewahre uns, teuflische Principia. Ich will es Ihnen probieren; denn was ich sage, muß Hand und Füsse haben. Ich bin zweymal Lector Philosophiæ und auch zweymal Theologie gewesen; vom Beichtstuhl will ich mich nicht rühmen, aber man darf nachfragen; und quoad Exorcismos & Benedictiones muß mir keiner gleich kommen. Nulli cedo. Haben Sie, fragte er, jemalen des R. P. Martini von Cochem Ablaßbuch am 5. 6. und 7ten Cap. gelesen? Ich sagte, nein! Nun

so

so werden Sie doch dessen goldenen Himmelsschlüssel haben? Aus diesem lesen Sie (denn ich will mit Ihnen nicht von andern gelehrten Büchern unserer Ordensväter reden) nur das erste Capitel von den grausamen Peinen des Fegfeuers. Er sagt selbst, und ich hoffe, Sie werden ihm als einem Priester die Wahrheit nicht absprechen, zumalen das Buch cum *Adprobatione & Censura ordinaria* gedrukt, auch ein kaiserliches Privilegium dabey ist, daß die drey angeführte erschrekliche Historien keine Fabeln und erdichtete Mährlein sondern glaubwürdige Erempel seyen, welche von einem vornehmen Geistlichen, wie auch dem Abbé Petro Cluniacense, und dann von dem andächtigen Dionysio Carthusiano, welcher 180 geistliche Bücher geschrieben und viele Verzuckungen und Offenbarungen gehabt, als wahrhafte Geschichten verzeichnet worden. Und wann Sie auch diesen seligen Männern nicht glauben wollten, so fragen Sie nur den Ochsenwirth zu M *** was ich für Mühe gehabt, den Geist seines Schwiegervaters, der ein ganzes Jahr lang ihm durch sein Gepolter die Gäste aus dem Haus vertrieben hat, wegzubenedicieren. Das war ein alter Schelm, Gott gebe ihm die ewige Ruhe, der mir viel zu schaffen gemacht hat. Anfänglich

wollte

wollte der Wirth (wie halt die weltliche Leute sind) das Ding vertuschen; es kam aber durch seine Kinder an den Pfarrer. Aber der wußte schon, daß in dem Diöcesen-Benedictionalt (ich verachte es darum nicht) keine kräftige Exorcissmi stehen. Er machte seine Sache so gut er es verstunde daher, und versprengte viel Weyhwasser. Ja, dachte ich, wie ich es hörte, Weyhwasser; da kann er gegen ein hartnäkigtes Gespenst nicht viel ausrichten. Wir waren damals eben ein wenig auf einander erzürnet, weil er auf mein Ansprechen, dem H. Pater Francisco zu Ehren nicht an den See fahren, und unsere terminirte Weine um Gotteswillen abholen wollte. Ich dachte aber gleich, du mußt mir doch kommen. *Dictum, factum*. Er lief zu den Capuzinern; die gaben ihm Amuleten, Anastasiuskspie, und kleine Caravacakreuzlein. Da gieng das Gepolter erst recht an Sein Vetter, der Jesuiter, schikte ihm geweyhte Ignatias- und Xaveriusbilder, auch Ignatiuswasser. Aber wieder umsonst. Er versprach eine Wallfart zu der guten Beta; er holete einen Carmeliter. Die können fast gar nichts, und wollen sich doch grosser Streiche ausgeben. Endlich da um sechs Uhr Abends die Magd nicht mehr in den

Kel-

Keller wollte, wenn er nicht den großen Sohn mitschike; da die Gäste sein Haus meideten; da kein Handwerkspursche mehr bey ihm einkehrte, und zwey Zünfte ihm die Herberge aufgesagt hatten, da kroch er zum Creuxe, und bat flehentlich, wir möchten ihm helfen. Ich versagte ihm alles. Denn, sagte ich, er muß nun auch spühren, was es ist, wenn man unsern heil. Orden vor den Kopf stößt. Lasse er sich nun durch den Cameliter, Jesuiter oder den Capuciner helffen; sie sind jünger in der Kirchenhierarchie als wir, vielleicht können sie mehr. Ich glaubte, daß ich es kurz sage, es sey gut wenn er ein wenig geschohren werde; daß er wiederkommen müsse, wußte ich so. Den andern Tag schikte er gleich seinen Sohn mit der Fuhr an den See für uns, und Nachmittags ein Kalbsviertel mit zehn Maaß Wein ins Kloster. Dieses machte mich weichherzig, obwohl der P. Definitor nicht so gleich darein willigen und haben wollte, ich sollte ihm, bis zur Wiederkunft des Weinwagens, das Gespenst auf den Hals lassen. Ich gieng hin, und nahm, nebst einigen ordinariexorcismen, etwas Dreykönigwasser mit. Davon hat bekanntlich ein Tropfen mehr Kraft, als ein Eimer gemein Kirchenweyhwasser; aber ich habe auch einen halben Tag Arbeit, bis ich es

setfertig bringe. An allen seinen Thüren fand ich C. †. M. †. B. †. Agacazeerul, und die Capuciner= oder Jesuiterbilder, Creuzer von Osterkerzen und andere geweyhte Sächelchen, die alle zu leicht für seinen Schwiegervater waren. Ich ließ mir zeigen, wo eigentlich der Hauptaufenthalt des Gespensts sey. Das war ein Eck unter der Stiegen des zweyten Stokwerks. Wenn Jemand bey der Nacht dort vorbey oder nur die erste Stiege hinaufgehen wollte, warf es, sagten die Leute, mit Steinen, Prügeln, und allerley Unflat; und curiös, der Magd, die ihre Kammer obenauf hatte, that es nichts. Nur in den Keller durfte sie Abends nicht allein hinabgehen. Ich ließ mir meine Kerzen anzünden, hängte den Stoll um, und fieng an. Da kam auf einmal ein Sturmwind, als wann er das Haus über einen Hanfen blasen wollte. Aber das war mir just recht: Nun, dachte ich, ist der Geist in der Enge. Zweymal hat es dabey an einem alten Schrank entsezlich gekracht: Und wie ich von meinem Dreykönigswasser nur mit einem geweyhten Palmzweig etwas an die Wände des Gangs spritzte, und das Oremus idomo tua &c. betete, so fuhr das eine Fenster mit einem erstaunlichen Wind auf. Da merkte ich gleich, daß der Geist seinen Abschied genommen habe.

habe. Und nachdem ich mit einem Stück eines
seraphischen Striks, welchen ein *in fama
sanctitatis* bey uns verstorbener Pater getragen,
das Fenster zugebunden, auch das Loch unter der
Stiege, welches eine Gatterthür hatte, mit heiß
gem Wachs *in forma crucis quasi* versiegelt, so
konnte ich den Ochsenwirth versichern, daß, wenn
er noch einige heil. Messen bey uns am Antonius-
altar lesen lassen würde, sein Haus künftig frey
wäre. Der Mann war sehr froh, und hat mir
und meinem Socio wol aufgewartet, auch Tags
darauf unserm geistlichen Vater ein schönes Almosen geschikt. Ich mußte noch, bis es Nacht
worden, zu seinem Trost in dem Hause verweilen. Der Magd, die uns nach Haus leuchtete,
sagte ich, sie soll mir am andern Morgen gleich
melden, ob alles ruhig geblieben? *Ecce*, es war
so. Ich habe das Mensch gefragt, wie es doch
immer zugehe, daß das Gespenst sie allein mit
Frieden lasse? Ach, sagte sie, wie es in unserm
Hause zugehet, können Euer Hochwürden nicht
glauben. Mein Herr, der Wirth, ist als ein
Mezger gewandert; da ist er viel mit lutherischen Leuten umgegangen, die haben ihm den
Kopf verkehrt. Er kam aus der Fremde,
schwängerte die Tochter vom Haus, seine noch
leben-

lebende Frau; der alte Vater war gut, und gab sie ihm mit dem Hauswesen zur Ehe. Das sind nun schon fünf und zwanzig Jahre. Er hat nur den einzigen Sohn, der ein gar braver Mensch ist; dieser hat auch schon gewandert, und wie er vor zwey Jahren wiederkam, da hätte er gleich die Wittib im Hecht heyrathen sollen. Ich war eben auch zum Ochsen in Dienst getreten. Er hat mir oft seine Noth geklagt. Das Gott erbarm. Es ist doch nicht recht, daß man den jungen Menschen hat zwingen wollen, eine alte Frau zu heyrathen, die seine Mutter seyn könnte. Ich habe ihn so viel getröstet, als mir möglich gewesen, aber ganz in der Stille. Denn Sie glauben nicht, wie meine Herrschaft Fluchen und Lermen kann, wenn sie den Sohn und mich mit einander reden sehen. Indessen fieng der Geist an zu poltern. Der Wirth und die Wirthin waren sehr furchtsam. Niemand als der Sohn hatte das Herz des Abends die Stiege hinauf zu gehen. Ich selbst habe die ersten acht Tage in der Küche geschlafen. Aber, dachte ich, nun kömmt das Portiunculafest; da will ich für das Gespenst den Ablaß gewinnen. Kaum hatte ich den Gedanken gefaßt und meiner Frau gesagt, so ließ mich der Geist in Ruhe schlafen gehen. Und seither lermt er nur, wenn ich schon

in

in meiner Kammer bin. Ich muß ihm also doch
in etwas seine Pein vermindert haben. Zweymal
hat er sich vor mir sehen lassen, und freundlich ge-
lächelt. Er siehet ganz weiß aus, nur hat er beyde Hände und die Nase schwarz. Der Sohn sieht
ihn oft, und wenn fremde Gäste im Haus übernachten, denn Bekannte kommen nicht mehr, so
muß der Johannes im nämlichen Gang neben
meiner Kammer schlafen; dann ist alles stille.

Enfin. Nach meinem Exorcismus war den
Tag Ruhe. Als aber der Sohn mit unserer
Weinfuhr nach Hause gekommen, fieng in näm-
licher Nacht das Gepolter wieder an. *Et quod
mirandum*, das Gespenst plagte und ängstigte auch
die Magd, so daß sie andern Tags wie verhext
aussahe. Ich wurde gerufen, überdachte alle
Umstände, und beschloß im Wirthshaus zu übernachten. Ich holte mir einen Partikul *de vesti-
mento Sⁿⁱ Patris nostri*, wiederholte meine Exorcismos, und alles blieb stille. Ich hatte mich mit
der Stoll in einem Lehnsessel gesezt, den Weyh-
wedel in einer und mein Benedictionale in der andern Hand. Die Stubenthür hatte ich gegen
den Gang aufgelassen und alle Leute in ihr Zimmer gehen heissen. Mit dem Glokenstreich zwölf
Uhr,

Eilfter Brief.

Uhr, hörte ich auf der Bühne ein gräßliches
Schlepp: von Ketten und Rollen. Das Gespenst
kam mit schweren Schritten die Stiege herab.
Ich fieng an zu beschwören, blieb aber in meinem Sessel sitzen. Und, damit ich es kurz mache,
kaum hatte ich. El † Elohim † Sother †
Anazatos † Tetragramaton † Behyros †
ausgesprochen, so flog ein noch brennender Bogen
Papier in das Zimmer. — und der Geist war
verschwunden. Ich faßte alle meine Courage zusammen, und hub das Papier auf. Eine Seite
war ganz überschrieben, in dem andern halben Bogen aber hatte das Gespenst seine brennende Hand
eingedrukt. Ich habe es zu Haus und kann es
schriftlich aufweisen. Das Geschriebene weiß ich
auswendig. Es hieß: „Gelobt sey Jesus Chri-
„stus. Alle gute Geister loben Gott den Herrn.
„Ich thue dem Hochw. Herr P. Guardian zu
„wissen, daß ich im Fegfeuer bin, und unaussprech-
„lich viel leide. — Ursach warum? Weil ich
„nit hab wollen, daß der Johannes die Hecht-
„wirthin heyrathen sollen, wegen ihrem Geld.
„Und weilen die Ehen im Himmel gemacht wer-
„den, und mein Enkelsohn nicht mit ihr glüklich
„worden wäre, und ich doch mit ihm gezankt,
„und oft gesagt, er müsse sie nehmen, und also

N „ihr

„ ihr ungerechtes Gut wollte in meinem Haus ha-
„ ben, so muß ich jezt leiden. Es kann nur dadurch
„ geholfen werden, wenn mein Tochtermann zu
„ Messen am Antonius = Altar lesen läßt; und
„ nun Dienstage haltet, und seinem Johannes
„ ein armes Mädgen, das fromm ist, zur Frau
„ giebt. Da sollen Euer Hochwürden, Morgens
„ früh um 7 Uhr, alle Leute, die im Hause seyn,
„ werden mit in die Kirche nehmen, und am An=
„ tonius = Altar Meß lesen, und, wenn sie den lez=
„ ten Segen geben, wohl acht haben, wer nieset;
„ und die soll der Johannes heyrathen. Zeugniß
„ meine Hand, die eingebrannten fünf Finger! "
Ich dachte, wer muß das seyn, habe aber keinem
Menschen nichts davon gesagt. Die Leute nahm
ich alle mit in die Kirche. Es waren zwey Näher=
mädgen, und die zwey Mägde, nebst dem Wirth,
seiner Frau und Sohn. Ich bin selbst begierig
gewesen auf das Gericht Gottes, und einen so au=
genscheinlichen Fingerzeig der weisen Vorbe=
reitung catholischer Ehen im Himmel. Und siehe!
Wie ich das lezte Creuz machte, fieng übernatür=
licherweise die Magd Catharina an über zehnmal
zu niesen, daß man glaubte der Kopf müsse ihr
zerspringen. Nach der Meß nahm ich alle in die
Michaels = Capelle, und eröfnete dem Wirth und
den

Eilfter Brief.

den Umstehenden die ganze Sache. Die Magd wollte absolute nicht heyrathen, und sagte, sie habe die Keuschheit verlobt. Der Johannes wollte auch nicht daran; und der Wirth stuzte. Als ich ihnen aber zusprach, und aus göttlicher heiliger Schrift bewiesen, daß sie sich nach dem Willen des Himmels fügen müßten, und daß das Gelübde der Keuschheit in ein anderes, z. E. mit Einschreibung in unsere drey Orden, des Ehestandes ungeachtet, verwandelt werden könne, da gaben sie sich zufrieden. Der Geist blieb von Stund an aus. Sie wurden sechs Wochen darnach copulirt, leben recht vergnügt, und sind unsere besten Guttthäter. Und sehen Sie, das ist mir selbst begegnet, Herr Pfarrer! Wer will mir noch Gespenster läugnen?

Der Dechant, welcher ganz aufmerksam zugehöret hatte, bekräftigte die Sache als unläugbar, mit dem Beysaz, er habe sich in seiner Jugend auch mit Beschwörungen abgegeben, einen Teufel ganz allein, und noch einen in Compagnie mit dem verstorbenen P. Damasus ausgetrieben, auch gegen die Hexen ein Paar recht kräftige Segen gehabt. Es sey ihm aber durch eine alte Bestie, er kenne sie wohl, das Buch gestohlen worden. Und seidem, wann Leute von ihm Hülfe begehrten, schike er sie zu denen P. P. Francifcanern. Unfer einer, sagt er, mag sich mit dem Geschmeiß nicht verfeinden, und die Herren Patres haben wirklich geheime Zwingsegen, die besser als des *Cleri Secularis* ihre sind. Ja freylich sind sie besser, sagte P. Fulgentius; per Privilegia Pontificia ist uns auch mehr Kraft beygelegt und übertragen worden. Wer kann z. E. Hexenpantöfelein machen als wir? Ich habe das Geheimniß davon recht glüklich durch einen Capuziner aus der fränkischen Provinz erschnappt, und seitdem, wie der P. Guardian weiß, rechte Wunderdinge damit gethan. Was ist das, fragte der Dechant? Da holete P. Fulgentius seine Thek unter dem Ermel hervor, und wies uns kleine Stüklein Holz, recht artig wie ein Pantoffel geschnizelt, woran der Absaz von schwarzlechtem Wachs angeklebt war. Das, sagte er, ist die wahre *Panacea cœlestis* gegen alle Hexerey. Wenn alle Segen, Bilder, geweyhte Wasser fehlen, so darf ich nur in dem Zimmer oder Stall eines behexten Hauses, an einem Freytag, in *Commemorationem Passionis & Stigmatum*, mit einem neuen Bohrer, über der Thür und einem Fenster zwey Löcher machen, ein solches Pantöfelein hinein stekken, die Löcher wieder mit Zapfen von Creuzdorn

Eilfter Brief.

zuschlagen, und dann dem verhexten Menschen oder Vieh einen Lucaszettul im Dreykönigwasser eingeben, so ist mit einem einzigen *Fugite partes adverse* vollends alles geschehen. Gott Lob, es hat mir noch nie gefehlt, und das ganze Kloster weiß, daß wir dadurch schöne Almosen bekommen haben.

Es sind noch keine drey Wochen, fuhr er fort, da kam eine Frau in Kindsnoth. Ich mag sie nicht nennen; es ist aber eine junge Frau, die der Herr P. Guardian wohl kennet, und wovon wir vielleicht kaum gesprochen haben. Sie ist erst seit fünf Monaten copulirt; und da hätte sie noch nicht niederkommen, oder ein todtes Kind zur Welt bringen sollen. Sie war aber überaus dik, und man sahe, daß Leute, die ihr Glük beneidet, ihr Malefiz beygebracht hatten. Die Hebamme war verlegen, und kein Mensch glaubte, daß sie ihr Leben durchbringen werde. Der P. Guardian ist nicht zu Hause gewesen; da liefen die Leute zu den Augustinern, und holten einen Monica-Gürtel. Des Burgermeisters Frau schikte zugleich eine Christilänge und Loretohäublein, aber umsonst; denn weil die Frau in unserer Brüderschaft eingeschrieben ist, konnte ihr nichts aus andern Klöstern helfen. Endlich bin ich geholt

holt worden. Kaum als ich ihr den Lucas=
zettul, in welchem ich ich ein wenig von meinem
Hexenpantöfelein abgeschabet hatte, eingegeben,
so gebahr sie ein grosses starkes Kind, so ausse=
hend, als wenn sie es ganz ausgetragen hätte.
Aber damit war es noch nicht genug. Das Kind
hatte die rechte Hand fest zugeschlossen; und, wie
man solche eröffnete, was fand man? Den näm=
lichen Lucaszettul ganz unversehrt, den ich der
Mutter eingegeben hatte. O *Mirabilia Dei in
Creaturis* dachte ich! Wenn ich nur ein halb du=
zend Lutheraner bey Handen gehabt hätte, da
wollte ich ja augenscheinlich ihnen die Wahrheit
unserer alleinseligmachenden Religion bewiesen ha=
ben. Drey Miracul so zu sagen an einem Stiel.
Alle Malefiz verschwunden — ein fünf Monat
nur getragenes Kind vollkommen in einer Minute
ausgewachsen — und den Lucaszettul in der Hand.
Ich bezeuge es als Priester. Und die jungen Ehe=
leute würden schwerlich so dankbar seyn, wenn
es nicht wahr wäre. Sehen sie, sagte er, der Ta=
bak, den ich schnupfe, und dieses Schnupftuch sind
von ihnen; das sind lebendige Zeugen.

 Es wurde noch lange von der Sache gespro=
chen, und den Kezern der Proceß gemacht. Der
Der

Dechant sagte, er wäre begierig, dem alten Schurken dem Gutmann mit so einem augenscheinlichen Wunderwerk eins auf die Nase zu geben. Der Wein war aus — und wir stunden vom Tisch auf, weil gottlob der Dechant nach Haus wollte, und P. Guardian vorher noch mit ihm allein zu sprechen verlangte. P. Fulgentius gieng in den Garten, und meine Curiosität trieb mich an mein Fensterlein. Es betraf aber nichts anders, als daß der Guardian dem Dechant eine Heyrath zwischen dem Amtschreiber von F** und seiner im Haus habenden Base vorschlug, und wegen des Heyrathguts in Unterhandlungen eingieng.

Eine halbe Stunde hernach marschirten die Herren Franciscaner, und ich begleitete meinen Herrn Visitatorem in des Amtmanns Chaise nach Haus. Unterwegs schlief er meistens; folglich war ich seiner Ermahnungen los. Er bezeugte, mit meinem Traktament zufrieden zu seyn. Und ich bin es auch, wenn nur meine dabey gemachte Schulden bezahlt wären.

Lieber Herr Bruder, da hast du einen zweytägigen Bericht. Die Augenblike des dritten Tags, welche ich mit meinem Brief an dich zugebracht, sind mir doch die vergnügtesten. Morgen

gen gehe ich zum Gutmann. Er muß mir aus meinen Lügen und aus meiner Gäste Träumen helfen. Lebe wohl! Deine silberne Löffel habe ich apart gepakt, und dem Boten die Lieferung zu eigenen Handen befohlen.

Zwölfter Brief.

Den 29 May 1770.

Ich komme wirklich von Hrn. Gutmann nach Hause, und finde deinen Brief, der mir so angenehm als beruhigend ist. Wie ich sehe, so bist du mit mir, was unsere Obere und den Mönchendespotismus betrift, in gleichen Umständen. Allein, Gott hat dich mit ererbten Mitteln, und bessern Amtseinkünften, als mich, gesegnet. Du hast bereits eine zahlreiche Büchersammlung, und Gelegenheit genug, dich mit vernünftigen Leuten zu besprechen. Ich aber habe mit allen meinen guten Willen noch keine Stunde zur Besserung meines rohen Verstandes anwenden können, als seit dem glücklichen Augenblik, der mich zur Bekanntschaft mit meinem so wohlthätigen alten Hofmeister geführt. Dieser rechtschaffene Mann fährt
fort,

fort, sich meiner Unwissenheit zu erbarmen. Ich bin in seiner Gesellschaft nichts als Ohr, und, wenn mich nicht die Bescheidenheit zurükhielte, so würde ich ihm den ganzen Tag über dem Hals sizen. Er nennet mich immer seinen pythagorischen Schüler, weil ich schweige, lehrbegierig zuhöre und seiner Redlichkeit unbedungen glaube.

Heute zwar bin ich nicht so stumm als gewöhnlich gewesen; denn ich erzählte ihm alle meine Abentheuer mit dem Dechant und beyden Franciscanern. Wie liebreich hat er sich nicht geäussert, daß er meine Nothlügen zu Wahrheiten machen, und bey seinem ersten Ausfahren in die Stadt dem Dechant einen Besuch geben wolle. Wenn ich dadurch nur so viel zuwegbringe, sagte er, daß er Ihnen, Herr Pfarrer, den Umgang mit mir zu keinem Laster aufrechnet, so habe ich gewonnen genug. Da Sie mein pythagorischer Lehrling sind, so wollen wir, nach dieses friedliebenden Weltweisens Grundsäzen, den Krankheiten des Staatsförpers und der Unwissenheit des Geistes vorzüglich den Krieg erklären. Den Herrn Dechant werden die sieben Weisen aus Griechenland nun nicht mehr bessern: Seine Art zu denken ist mit in seine schon steife und bejahrte Natur verwebt:

Expellas furca, tamen usque redibit.

Man

Man muß ihm also nur ein Kerzgen anzünden, *ne noceat*. Das will ich gerne ohne alle Niederträchtigkeit thun. Daß sie ihm aber gar viel von meiner Hochachtung gegen ihm vorgesagt haben, ist ein wenig zu weit gegangen gewesen. Ueber ihre Franciscanergäste habe ich nichts zu sagen. Erasmus pflegte die Mönche mit dem Ausdruck zu bezeichnen, *quibus mundus caruit, quando fuit optimus*. Sie werden nun aus eigener Erfahrung gefunden haben, daß ich letzthin diesen heiligen Männern nicht zuviel gethan, als ich Ihnen a potiori ihre Eigenschaft geschildert habe. In Bethörung des gemeinen Volks durch Aberglauben, Andächtlereyen, Intriguen, Geschwäz, Heprathsstiftungen und Fuchsschwänzen bestehet ihr ganzes Geheimniß. Dieß ist ihr Gewerb, ihr Acker und Pflug. Sie wissen aber nur die Unwissenheit des grossen Haufens, mit sinnlichen Anthropomorphosien künstlich zu unterhalten; der Kluge weiß freylich, was er davon zu denken hat. In unterschiedenen Landen fängt ihr Reich bereits an zu wanken. — Vielleicht sind sie so glücklich, es noch zu erleben, daß dieser Mönche Nachkömmlinge einst noch dem gemeinen Wesen nüzlich werden. Aber freylich muß man sie erst ganz umschaffen — und das kömmt mir gar nicht unmöglich vor.

Pro

Zwölfter Brief.

Projecte machen ist zwar meine Sache gar nicht. Gott soll mich und meine alte Tage bewahren, daß, wenn es auch nur ein Gedanke wäre, von mir etwas dergleichen in das Publicum käme. *Vestigia terrent.* Es soll mir so bald nicht entfallen, wie übel es im vorigen Jahre dem patriotischen C**** bekommen, da er mit den reinsten Absichten, wie ich glaube, aber in einem noch mit Vorurtheilen und knechtischer Unterwürfigkeit für die Mönche eingenommenen Freystaat, etwas zu ernsthaft solche Wahrheiten vertheidigt hat. *Nolite tangere - - -!* soll sich ein jeder zu seinem Morgengebet als einen Vorsaz für den ganzen Tag beyschließen: Und wem seine Gemüths- und Leibesruhe lieb ist, wer seine Tage in Ruhm und Ehren hinzubringen gedenket, der enthalte sich die Kutten zu beunruhigen, die unser Volk noch blind verehret.

Mein lieber Herr Pfarrer, sagte er, denken Sie immer auf das zurük, was ich Ihnen vor mehrern Tagen bereits gesagt habe. Ich bin im Herzen ein guter catholischer Christ, und ehre einen rechtschaffenen Geistlichen, als den Diener unserer Kirche, als den Nachfolger der Apostel, als den Beförderer meiner künftigen Wohlfahrt. Allein, indem ich sein Amt und seine

Verrichtungen hoch schäze, so bleibt er immer in denen ausserkirchlichen Handlungen ein Mensch wie ich; d. i. er hat Leidenschaften, Temperamentsfehler, Schwachheiten, Vorurtheile, Erziehungsmängel und die ganze Zubehörde der an unsere Natur gehefteten Unvollkommenheiten. Lehret er mich nach der Vorschrift der göttlichen und Kirchengeseze, so thut er darinn eben so seine Schuldigkeit, wie z Er. der besoldete Professor einer Universität, welcher mich in philosophischen oder Rechtsgelehrten Dingen unterrichtet. Er ist ein Diener des gemeinen Wesens. Ich fordere von ihm nicht, wie eine besondere Gattung Protestanten ihre Geistliche haben wollen, daß er nämlich die menschliche Natur ausziehen und eine engelreine dagegen annehmen müsse; denn das kann er nicht. Aber so lange er mein sündiger Mitmensch verbleibet, soll er mir weder etwas weiß machen wollen, noch von mir fordern, daß ich ihn, ausser seiner geistlichen Gewalt, die ihm die Weihung, aber nur in Dingen gegeben, die meine Religion erfordern, für einen Heiligen Leib halten, für einen Tugendspiegel achten, und wenn ich ihn in Gesellschaft, etwan gar im Wirthshaus oder in noch fleischlichern Gelegenheiten, betrachte, dennoch in gebeugter Ehrfurcht vor ihm zittern soll. Ich muß auch gestehen,

hen, daß es der *Status Petrinus*, die Weltgeistliche, und auch endlich der Mönch im eigentlichen Verstand, nämlich der Benedictiner, Bernardiner, Norbertiner ꝛc. größtentheils nicht begehren. Aber der Mendicant ist um so eifersüchtiger auf seinen Bettelstaat. Und er entblödet sich nicht, von den Laien zu fordern, daß er ihn desto mehr vergöttern soll, je weiter er sich von der gesitteten Lebensart der übrigen Menschen entfernet, und sich gleichsam als ein merkwürdiges Wunderthier aufführet. Er pranget mit seiner schmierigen geflikten Kutte, die er als eine unausstehliche Marter auf dem blossen Leib ausgiebt. Der männliche Weichling, das zärtliche Frauenzimmer glaubet es ihm auf sein Wort, und bedenket nicht, daß unsere Haut alles gewohnen lernet. Der Engelländer, der sich seiner Gesundheit wegen den Leib mit Bürsten reiben läßt, kann nach Verlauf eines Vierteljahrs fast keine mehr finden, die ihm nicht zu weich scheint. Ich selbst trage, gewiß nicht aus Andacht, sondern gegen mein Hüftweh, schon lange Jahre einen groben Flanell um meine Lenden. Die ersten acht Tage duldete ich das kaum erträgliche Jucken, aus Begierde meiner Schmerzen künftig überhoben zu werden. Das war bey mir der Enthusiasmus, der mich bewog, und der junge Mönch hat

Zwölfter Brief.

hat den seinen zur Abtödung des Fleisches. Nun mag ich auch das gröbste Wollenzeug nehmen, so fühle ich es nicht mehr. Der Arme, der weder Schuhe noch Holz hat, ist viel schlimmer daran, als der Franciscaner und Capuciner, der auf Sandalien gehet und im Refectorio den warmen Ofen genießt. Mit ihrem Geiseln *pro forma & consuetudine* hat sich noch keiner, er müßte denn *stultus propter regnum cœlorum* gewesen seyn, eine Rippe beschädiget. Der Soldat in dem Felde, der Gelehrte bey seiner Studierlampe, der Minister im Cabinet, der Wollüstling auf dem Ball und beym Nachtschwärmen, der Arme für sich und seine Kinder ums Brod besorgte Taglöhner, müssen sich weit mehr den Schlaf brechen, als der Mönch, der zu Bette gehen, und, wenn er es ausrechnet, seine wolgezählte sieben Stunden mit gewohnter, folglich ihm natürlich gewordener Unterbrechung ruhen kann. Den erstern rechnet man ihr Wachen zur Schuldigkeit, oder zu einem Laster; dem Mönchen aber zur seligmachenden Tugend. So unbillig sind die Vorurtheile! Das Gesang, ich mag es nicht Brüllen nennen, womit sie den allmächtigen Gott übertäubten, wenn es möglich wäre, und die Nachbarschaft beunruhigen, wurde ehmals den heidnischen Pfaffen sehr übel genommen. Nun ist

Zwölfter Brief.

ist es als die gottgefälligste Sache geheiliget. Es hat das Ungeziefer und der Gestank, womit der Bettelmönch ehrlicher Leute Häuser verunreiniget, das Eyergelb, womit sich St. Seraphin den Bart beschmiert, wird zum Beweiß der in ihnen vor andere Menschen gereinigten Seelen.

Indessen lebet ein einziges Kloster von 36-40. solcher Männer besser, und hat einen stärkern Aufwand, als 30. ehrbare Laien-Haushaltungen. Sie haben kein Geld sondern nur Lebensmittel. *) Wer aber nicht Ehre und guten Namen verlieren will, der muß geben; und wer schon auf der ...e vielvermögendes Vorwort bey Gott und ... .dazu.....let, wird ihnen nichts abschlagen.

Man

*) ....rer Herr Gutmann, die Bettelmönche haben auch ....en. 1769. wurde die Franciscaner=Registra... ..München von Churfürstl. Commissarien unverse... ..untersucht. Man fand 3 Jahrsrechnungen, aus ....es sich zeigte, daß 1765. die Einnahme der baier..... Franciscaner=Provinz bloß an Geld, als Landes... Gratialien, Meßstipendien und andern Geldbetrag 2, 26567 fl. 42 kr. 1766. war die Einnahme 2, 3996) fl. 14 kr. und 1763. war sie 2, 19259 fl. ... Summa des sämmentlichen Geldauwesens der ... Franciscaner in Baiern auf 3 einzige Jahre: ... 68637 fl. 4 kr. An überflüßigen Meßstipendien haben sie bloß in einem Jahre in's Ausland verschiket 19794 fl.

Man giebt also das Beste was man im Hause hat oder bekommen kann. Man thut sich selbst wehe; der eine, weil er es Gott selbst zu geben glaubet, der andere, weil er sich nicht was ausrichten lassen, und auch wohl manchmal, weil er nicht ohne Grund hoffet, daß es der Mönch erzählen und ihm damit ein Ansehen, ein Großthun und einen Nachklang von Reichtum verschaffen werde. Neben den Victualien ertragen die Messen eine beträchtliche Baarschaft. Und während der Zeit, da der Bauer dem Pfarrer Schuhndgelköpfe und gerundeten Hammerschlag auf dem Altar opfert, trägt seine Frau 20. oder 30. gewaschene Kreuzer in das Kloster, und bittet um eine Zwingmeß, damit ihre Nachbarin, eine alte garstige Frau, die eben darum eine Hexe ist, weil ihr das Alter eine runzlichte Haut und wunderlichen Humor gegeben hat, die Kuhe, welcher sie die Milch genommen haben soll, ferner unbehexet lassen, und den Gänsen eine gute Brut verleihen möge. So betrüglich sind unsere bestgemeinte Urtheil und Handlungen, wann sie auf den falschen Grund des verjährten Altertums der Unwissenheit und mit des im Zeitverlauf geheiligten Aberglaubens gebauet werden. Ich muß Ihnen hier, sagte er, eine Stelle zeigen, die erst vor ein Paar Tagen aus dem zwar pro-

Zwölfter Brief.

protestantischen Buch des berühmten Abbts Jerusalem über die Betrachtung, daß Gott der allervollkommenste Geist sey, wieder gelesen habe, und die hieher gar wohl passet. Sie ist vernünftiger, entscheidender und deutlicher als alles was ich Ihnen sagen könnte. Sie dürfen das Buch nicht lesen, weil sie keine Licenz noch darzu erlangt haben; aber diesem kleinen Auszug mögen Sie sich wohl merken, oder gar abschreiben.

„Plato sagt, daß die Götterbilder der Egyp-
„tier auch zu seiner Zeit noch nicht schöner hätten
„gemahlet werden dürfen, als sie es 1000. Jahre
„vorher gewesen; und diese unförmliche Abbil-
„dungen hatten in den Augen der Egyptier schon
„alles so was heiliges, daß sie auch gleich kein
„Bedenken mehr hatten einen infamen Antinous
„mit ihre Götter aufzunehmen, so bald er nur
„eben so steif wie die übrigen gezeichnet war. Ein
„merkwürdiger Beweiß, wie die Vernunft bey
„dem übrigen Wachsthum in Geschmack und
„Scharfsinnigkeit an die unsinnigsten Begriffe sich
„gewöhnen, und, wenn sie erst durch das Alter
„ein ehrwürdiges Ansehen bekommen haben, und
„in Pomp eingekleidet sind, sie vergöttern kann,
„ohne daß die Philosophie ohne Hülfe ausseror-
O dent-

„ deutlicher Revolutionen es wagen dürfte sie an=
„ greifen zu wollen. Ohne solche Hülfe, die die
„ Vorsehung jedesmal selbst veranstalten und be=
„ reiten muß, ist alle Vernunft nicht hinreichend
„ eine allgemeine Erleuchtung zu befördern. Sie
„ ist ein Licht das nur seinen Mann erleuchtet,
„ aber mit demselben auch jedesmal in Gefahr ist
„ zu verlöschen. Socrates sahe die Ausschwei=
„ fungen des Aberglaubens seiner Vaterstadt; er
„ sahe sie; aber weil er sich es merken ließ, mußte
„ er den Giftbecher trinken. Plato sahe sie auch;
„ aber, durch das Exempel seines Lehrmeisters ge=
„ warnet, sprach er mit Fleiß zweydeutiger, und
„ opferte den Göttern mit allem Pöbel. Die Phi=
„ losophie, sagt Herr d'Alembert, wagt es allein
„ nicht, die Schranken des Aberglaubens zu zer=
„ brechen; sie wartet bescheiden bis die Zeit sie
„ öffnet; und wenn sie es eher wagt, so sind ih=
„ re Versuche sehr mißlich. Alle angegriffene
„ Herrschsucht ist rachgierig; und was kann rach=
„ gieriger seyn als herrschende Irrtümer, die vom
„ Pöbel angebetet, und von der Politik unterstützt
„ werden? Der Tod von einem Socrates hilft
„ zu ihrer Bekämpfung nichts. Hierzu wird das
„ Blut vieler Helden erfordert; und viele solche
„ Helden macht die Philosophie nicht. Ein ein=

ti=

„niger drohender Befehl, so schwört der Verfasser
„seinen Esprit eben so niederträchtig ab, als er
„ihn stolz und zuversichtlich vorher bekannt ge-
„macht. Selbst der grosse Galiläi, der Vater
„der wahren Naturlehre, der zuerst die Vernunft
„mit der Natur recht bekannt gemacht, muß, um
„dem Zorn des H. Officii zu entgehen, seine Ein-
„sichten verläugnen.„ Sie werden, fuhr Herr
Hermann fort, was Sie da gelesen haben, unläugbar wahr finden, wenn ich Ihnen die darinnen
vorkommende historische Anspielungen von Socrates, Plato, Helvetius und Galiläi, erläutere.
Socrates war — — — — Doch ich mag sie
Ihr nicht wiederholen, Herr Bruder; du bist gelehrter als ich, und weißt es schon.

Wir finden uns, sagte mein gutmeinender Lehrer, noch wirklich in dem Fall vorgedachter Egip-
ter. Das ausserordentliche der Kutten, der Strick,
geschorne Haar, die Sandalien, der runde Ca-
des Franciscaners; und, wenn etwa jemand
bey Samson die Stärke in den Haaren sucht,
noch der Bart und die spitzige mit langem Proceß
dachtene Caput des Capuciners, bleiben dieser
Gattung geistlicher Sonderlinge zu Beweisen der
Heiligkeit. Ihre vielen Erzählungen und Wun-

der-

dermährlein stellen sie dem gemeinen Haufen des Pöbels als besondere Lieblinge des Himmels dar. Und wenn, daß ich nur einige Exempel anführe, so ein Mann, der täglich Meß liesset, mithin im Stand der Gnaden seyn muß, in welchem sich keine Lüge passet, mit einer dreisten Mine versichert, daß alle Geistliche der drey Orden Francisci, samt denen so St. Franzens Strikgürtel tragen, täglich alle Ablasse erwerben, welche in ganz Rom und Jerusalem zu gewinnen sind; wenn er zu der Bürgers= oder Bauernfrau (und wollte Gott, man dürfte den höhern gesittetern Stand des schönen Geschlechts nicht auch mit beyzählen) mit unbegreiflicher Kühnheit spricht, die H. Margaretha habe vor ihrer Marter von Gott erlangt, daß alle Weiber, welche ihr Gedächtniß begehen und sie anrufen würden, mittelst eines Gebets das sie der Pater lernet, eine glückliche Geburtsstunde haben, und einer gesunden Frucht genesen müßten; wenn er sagt, er wisse eine Litaney, durch welche die H. Coletta allemal in ihren Nöthen eine schleinige unfehlbare Hülfe erlanget habe; wenn er aus den Offenbahrungen der H. Brigitta erzählet, daß durch gewisse ihm bekannte Seufzer ein grosser Sünder verdient habe, daß die Mutter Gottes sich seiner angenommen, und ihn vor Gottes

Zwölfter Brief.

tes Gericht beschützet habe; wenn er dabey etwas von der H. Mechtildis vorplaudert; das Leben der in Schwaben und Bayern hochgepriesenen Crescentia und alle ihre Wunderwerke herzupreisen weiß, und Amulete, Seegen und Mittel wieder Hexen, Unholden und Gespenster austheilet; so ist diese geistliche Charlatanerie ein stets erneuerter Zufluß auf ihre Mühle; und man darf wohl sagen, daß sie eigentlich an dem Fegfeuer die fetteste Suppen kochen.

1. Sie wissen so gut als ich, Herr Pfarrer, sagt er, daß ich nicht ein einziges übertriebenes Wort rede. Aber man muß doch billig seyn. Mehrere hunderttausend Mendicanten wollen leben. Sie dürfen keine Güter haben, und müssen der Arbeit abschwören. Wann sie wie Weltpriester gekleidet wären, und eben so bloß nach dem Evangelio und nach den Kirchensazungen lehreten und predigten, wann keine geheime Brandsalben gegen das Fegfeuer, keine Specialcataplasmata über verschwollene Gewissen, keine besondere resolvirende und stärkende Tinkturen wider die Hexerey, keine Fumigationen wider den Teufel und seinen Anhang auszutheilen hätten; so würde man sie eben so wie die arme Weltpriester und Dorfpfarrer in Hunger und

und Kummer schmachten lassen. Denn es gehet hierinnen wie mit andern Professionen; der Quakſalber und Wurmſchneider hat allemal mehr Credit und Verdienſt als der geſchikteſte promovierte Medicus. Der Landesfürſt (denn dem Pabſt kann man nichts zumuthen) der eine Mendicanten-Armee in ſeinen Staaten beherberget, hat alſo keine andere Wahl; entweder muß er ihnen das Hauſieren mit ihrer geiſtlichen Waare geſtatten, und die reine, die ächte, die geheiligte, die vernünftige Religion preisgeben, oder er muß ſie aus ſeinen Domainen ernähren; oder er ſollte bedacht ſeyn, den allzugroſſen Haufen bis auf eine dem Staat nützliche Zahl zu mindern. Einen von dieſen drey Wegen müßte er einſchlagen; ich glaube nicht, daß ein vierter möglich wäre.

Aus den Fürſtlichen Domainen, wird der Cameraliſt ſagen, können wir nichts abgeben; wir ſind ja vielmehr durch die gegenwärtige Staatsbedürfniſſe gezwungen, ſelbſt die geiſtliche bis daher gleich der Arche des Bundes unantaſtbar geweſene Jmmunität zu verletzen, und den Kirchendiener als ein Mitglied des ganzen Staats für den genieſſenden gemeinen Schutz, mit Steuern und Abgaben zu belegen. Wie ſoll man alſo unnütze

Brod-

Zwölfter Brief.

Brodeisser sich auf dem Hals lassen, wann die eingehende Renten kaum und oft gar nicht einmal hinreichen, die nüzlichen und unentbehrlichen zu besolden? Dem Unterthan ist sein Beytrag schon bis zur äussersten Möglichkeit aufgelegt. Und, wohl zu merken, wann man die Contribuenten berechnet, so wird auf jenes was die Mönche von ihm bettelnd erpressen, und das in manchen Ländern oft einem Hagelschlag gleich kommt, kein Rabat calculiret. Mithin muß der Cameraliste gar gern rathen, man soll lieber das Land von diesen unfruchtbaren Saugästen befreyen, damit der Baum den unnüzverschwendeten Saft den übrigen Tragsprossen desto würkender zuführen könne. Allein das hiesse eben so viel, als nach Art der Cherokesen in America den Baum gar umhauen, damit man ein dutzend Aepfel desto gemächlicher abpfüken könne.

Damit wäre ich nun nicht zufrieden. Denn man muß in einem Staat für allerley Gattungen Krankheiten Spitäler haben. Es sind zwar wenige, aber doch giebt es solche Enthusiasten, deren Krankheit in einem übertriebenen Wahn und in einem seltsamen Begriff von dem Weg zur Seligkeit bestehet. Diese Art Leute wollen sich nicht be=

bereden lassen, daß ein Weltmann auch damit seelig werden könne, wenn er Gott, nach den Grundsätzen der geoffenbarten Religion, und seinem Nebenmenschen mit treuem Herzen dienet; besonders aber, wenn er durch die Freude eines liebreich gesegneten Ehestandes dafür sorget, daß die Welt nicht aussterbe; und wenn er ein leinen Hemb, Strümpfe und Schuhe trägt, sich nicht dreymal wochentlich geiselt und täglich eine bestimmte Anzahl mystischer Worte hersagt. Diese Gattung hypochondrischer Temperamente würde unter den geschäftigen Bürgern eben so wenig Nutzen schaffen, als ein Engelländer, wann er seinen Anfall von Splie bekömmt. Da gleichwol ihre Absicht gut ist, und sie ihre Melancholie dem l. Gott, wie eine Frau auf dem Todbette ihren Unglauben, aufopfern wollen, so gehören sie, als mit dem — — — behaftet, in eine heilsame Absonderung, also in ein Kloster. Da sollen sie fasten, ihren Leib casteyen, mit Meßlesen ihren Unterhalt verdienen, und für die sündliche Welt beten. Wobey ich aber die Einrichtung also treffen würde, daß diese in dem Kloster nichts zu befehlen haben dürften, und nicht zum Beichthören gebraucht würden. Denn ihr Enthusiasmus gehet gar leicht in einen Fanatismus über, und dann wird er gefährlich.

Eine

Zwölfter Brief.

Eine andere Art Menschenkinder werden mit einer guten Anlage zu Studien, aber mit einem schwächlichen Körper geboren. Ihre Eltern sind arm, und mit vielen Kindern beladen. Mein Candidat hat den Trieb etwas in den Wissenschaften zu thun, und in der Welt weiß er nicht fortzukommen. Er ist zu einem Soldaten entweder zu klein, oder es mangeln ihm die Einschneidzähne, oder sonst eine Kleinigkeit, daß ihn der Comissarius bey der Assenta ausmustern würde. Zum Handwerk ist er zu schwach, und des Bauernwesens nicht gewohnt. Da ist es alsdann eine Erleichterung für den arbeitsamen Hansen, wann dieser sonst wakere Mensch in einem Kloster seine Versorgung findet. Diesen dispensire ich vom Fasten und Geiseln. Der darf nur fromm seyn und beten, quantum satis. Ich schaffe ihm Bücher nach seiner Neigung; und dieser soll dem Nächsten damit nützlich werden, daß ich durch ihn und seines gleichen freye Schulen für die Jugend errichte.

Ich finde auch, daß es nützlich sey, wenn eine mäßige Anzahl wohldenkender, gesunder, und dem Geiste nach arbeitsamer Männer sich in den Klöstern befinden. Aber hier, sagte Herr Gutmann, muß ich mich etwas weitläufiger erklären. Haben
Sie

Sie Geduld, und denken Sie immer, daß es nur ein Traum ist. Wann Sie auch ein bisgen dabey schlummern, mea pace.

Ich bin schon vor einigen Augenblicken in das Schloß zu meiner l. Mutter gerufen worden; und da ich keine bequemere Gelegenheit mehr bekommen könnte abzubrechen, so überschicke ich dir diesen Brief. Die Fortsetzung soll bald folgen.

Fortsetzung des XII. Briefs, d. 1. Jun. 1770.

Alle Staatslehrer predigen die zu mehrende Bevölkerung eines Landes als die gröste Glückseligkeit des bürgerlichen Verhältnisses und des Staats. (*) Es sind darüber ein Haufen Bücher von vernünf-

---

(*) Ich habe nicht das allergeringste wieder diese Predigt einzuwenden, die der allgemeine Ton ist, auf den alle Philosophen, Moralisten und Theologen gestimmt sind. Es ist um so löblicher, als er unsrer Natur überaus angemessen ist, und dem menschlichen Herzen Ehre macht. Der sind in den meisten Staaten von Europa nicht schon Menschen genug, die ihren Unterhalt kaum noch finden können? Es lohnet sich der Mühe, diese Frage einer genauern Prüfung zu unterwerfen. Ich will es nur in abgekürzten Sätzen thun, um Gelegenheit zum Nachdenken darüber zu geben. Die unten angeführte süßmilchische Berechnungen überzeugen uns, daß von Zeit zu Zeit mehr Menschen geboren werden, als sterben. Die neue Heilungsart der Hrn. Sery

Zwölfter Brief.

künftigen Männern geschrieben, und mit Landesfürstlichen Verordnungen begünstiget. Alle Geistlichen

Aerzte, wenn es mit derselben so beschaffen ist, wie sie uns bereden wollen, und wenn es nichts als die Inoculation der Blattern wäre, dienet dazu, dem guten Charon sein Stück Brod ansehnlich zu schmälern. Gleichwol will die Handlung in den meisten Staaten im Reich nicht viel fahren, und die hier und da zerstreute Kaufleute klagen, daß sie keinen Verdienst haben. Die Künste ernähren ihren Mann nur sehr schlecht. Die Handwerker sind meistens übersetzt, und geben kaum das trokene Brod. Der Landmann bedarf um so weniger einer weitern Vermehrung, als seine Güter ihn noch kaum ernähren, und wenn er sie unter seine Kinder theilen muß, so geben sie ihnen nicht wohl halb Brod. Taglöhner können sie nicht werden, weil, wenn manche Gegenden keine so heilsame Werkläße bekommen, ohnehin alles beynahe Taglöhner seyn wird. Fruchtbare Gegenden können sie nicht suchen; denn wo sind sie? Wenn die, welche noch eine Bevölkerung leiden können, ihre Bewohner eradbreten, so würden sie schon verlängst bevölkert seyn. Die Auswanderungen sind so übel nicht als sie ausgeschrien werden wollen. Aus einem Dorf, wo der Hausvater mit den Seinen sein Brod findet, gehet sicher keiner. Sollte auch zuweilen einer, in der Hoffnung es besser zu bekommen, abreisen, so ist es fast desto besser, weil andere seine Güter an sich kaufen und sich einen hinreichenden Unterhalt verschaffen können. Ich bin von mehr als einer Auswanderung ein Augenzeuge gewesen, und habe gefunden, daß jedesmals nur diejenigen wanderten, welche, wo nicht in sich, doch in ihren Kindern gewiß dem gemeinen Wesen mit der Zeit zur Last gefallen wären. Aus einem Ort von 1500. Seelen giengen 100. auf einmal, und ich kann versichern, daß daßelbe so wenig über diese Wanderung zu klagen hatte, als ein Vollblütiger über den Abgang etlicher Unzen Bluts. Ich denke, diese Betrachtungen,

liche, insonderheit aber die Mönche, predigen entgegen, und lehren, daß die Keuschheit im unver-
ch-

gen, die mir meine eigene Erfahrung an die Hand gegeben.
sollten immer auch neben dem Ernst, womit man die Vermehrung der Menschen treibet, beherziget werden. Man
wende mir nicht ein, daß, wenn schon die Zahl der Verstorbenen sich zu den Gebornen verhalte wie 10. zu 12. so
seyen doch auch die Kriege da, welche diese Ersparung gewiß auffressen; so das man also eigentlich nicht sagen könne, es sterben weniger Menschen als geboren werden: Dieses kann von den Ländern, in denen Krieg geführt wird,
wahr seyn; aber die, wo Friede herrschet, empfinden nichts
davon. Würde Sachsen, Preussen, Schlesien und Böhmen
sich so bald nach dem letztern Kriege erholet haben, wenn
die Menschen nicht vorher dünner gemacht worden wären?
Man will durchgehends behaupten, daß die Armeen der damals kriegenden Mächte würklich schon wieder vollzähliger
seyn sollen als jemals.

Es ist moralisch betrachtet schon recht, daß man die Vermehrung der Menschen auf alle Weise zu befördern suchet. Die
Frage aber: Woher nehmen wir Brod, daß sie essen, ist und
nicht die geringste, die ausgemacht werden muß. Ich weiß
wol, daß man sich über diesen Punct mit allerley Betrachtungen behilft. Man berechnet die Erde nach Quadrat-
meilen und Schuhen. Man bestimmt die Zahl der Menschen so genau als möglich. Man behauptet, 9100. Qua-
dratschuhe treffen einen Menschen seinen Unterhalt darauf
zu suchen. Man gehet weiter und sagt, 25. erwachsene Personen können 100. andern den nothdürftigen Unterhalt verschaffen. So rechnet der Gelehrte auf seiner Studierstube;
aber er muß aus derselben herausgehen, und sich in der Welt
umsehen, wenn er ein richtiger Beobachter seyn will; alsdann werden ihm folgende Betrachtungen nicht entgehen
können: Der von dem höchsten Stand bis zum niedrigsten
sich

dichten Stand, mithin die Entvölkerung, die vorzüglich gottgefällige und den Seelen angemessenste Tu-

sich ausgebreiteter Luxus erlaubet uns nicht mehr, nur von dem zu Fortsetzung unsers Lebens erforderlichen Unterhalt zu reden. Unsere Erziehung und die allgemeine Lebensart hat uns viel zuviel Bedürfnisse gegeben. Wir sind nicht mehr in denen Zeiten, da eine ganze hochadeliche Familie bey einer Pfanne voll Haberbrey das Mittagsmal gehalten und die gnädige Frau sich auf den Wagen setzt, wenn sie Aepfel zum Verkauf in die Stadt führen lassen. Wer kann es aber ändern? Es kann gar nicht gedacht werden, daß selbst dem Landvolk die Güter in einer Proportion erhalten werden. Ein jedes Dorf hat einen oder ein paar Hechte, welche die kleinen Fische fressen. In den Städten wohnen mehr Menschen als auf dem Lande. Wann eine jede Haushaltung daselbst nur noch einmal so viel jährlich verbrauchte, als einer auf dem Land nöthig hat, so könnte noch eine Gleichheit gefunden werden; aber sie müssen ungleich mehr haben. Die Personen, von hohem Rang, welche sich daselbst aufhalten, erfordern, einen jeden einzeln gerechnet, für ihre Bedürfnisse eine größre Summe, als ein ganzes Dorf. Ich rede von den Monarchen und Fürsten nicht, davon ein jeder täglich mit seinem Hofstaat so viel verzehrt, als 10. Dörfer in einem ganzen Jahr zum Unterhalt nöthig haben. Und dieß alles muß der so sehr verachtete Pöbel anschaffen; theils in schuldigen Abgaben, theils an Interessen für Capitalien, die im Grund betrachtet viel weniger seinen als seines Darleihens-Nutzen befodern. Man setze die grosse Anzahl Klöster bey, so werden die Schwierigkeiten vermehret. So wenig der Engelländer mit 7. Pfund, und der Franzos mit 100. Livr. auskommen kann, so wenig reichen dem Teutschen seine 30. Thlr. hin, die ihm diese philosophische Vorschneider zutheilen. Diejenigen, welche dieses behaupten, kennen die Umstände des ärmsten Landmanns eben so wenig als des Kaisers von China. Setzt man noch hinzu, daß der Gebrauch

Tugend sey. Ihre Ursachen sind mystisch; aber es gebühret uns nicht, solche, weder zu untersuchen, noch darüber einen Zweifel zu haben. Denn es ist in der allgemeinen Kirchenversammlung zu Trident in der 24. Session Cap. X. schon zum Gesetz gemacht: „Daß derjenige verdammt „seyn solle, der sagen würde, daß der Ehestand „dem jungfräulichen oder ledigen Stand vorzuzie„hen sey, und daß es nicht besser und seliger sey „in diesem jungfräulichen und ledigen Stand zu „verbleiben, als sich zu verheyrathen.„ Wenn es mir nicht befohlen wäre so zu glauben, sollte es mir vor 40. Jahren schwer angekommen seyn; nun ich aber ein kränklicher Sechziger bin, begreife ich gar leicht, wie es den klugen und betagten auch unverehlichten Kirchenvätern zu Muth gewesen seyn mag, als sie eben gedachten Canonem aufgesetzt haben. Vielleicht kömmt einmal ein anderes Concilium, wozu es aber freylich der römische Hof nicht leicht kommen lassen darf, und ändert diesen Satz, wenn

so vieler ausländischer Waaren zur Nahrung und Kleidung das Geld aus Teutschland hinausschleppet, und so viele herzen kleiner Stücke Landes nicht auf ihren Erbern leben, so glaube ich, nach genauerer Betrachtung dieser Sätze würde sich niemand mehr eine zahlreiche Vermehrung von Menschen unter uns wünschen. Denn in der That, sie könnten sich an vielen Orten nicht ernähren.

Der Herausgeber.

wenn es den Fürsten recht Ernst ist, die Bevölkerung durch alle dienliche Mittel zu befördern, und den vor Zeiten mit Strafen verfolgten Hagenstolzen wieder den Krieg anzukündigen. Ich läugne indessen nicht, daß doch die Welt, wann Kriege und Pesten ausbleiben, immer mehr anwächst. Man darf nur unser hiesiges und einige benachbarte Dörfer ansehen. Es haben noch deren viele den Namen Weiler oder Hof, zum Zeichen, daß sie ursprünglich nur aus einem oder wenigen Häusern bestanden, und nun 60. bis 80. Familien enthalten. Probst Süßmilch, dieser fleißige und unermüdete Menschenzähler, beweiset uns, daß in den meisten Staaten mehr Menschen geboren werden als sterben. Und, wie gesagt, wir sehen es ja selbst in unsern Gegenden. Alle diese Menschen wollen in der Jugend einen getreuen Unterricht zum Glauben und Gottesfurcht; in dem männlichen Alter eine oft wiederholte Vorpredigung ihrer Pflichten; billichen Vortrag der Geduld bey einem mühseligen Nahrungsstand; ermunternde Mahnungen zur Tugend und Abscheu des Lasters; Gelegenheit zur erbaulicher Ausübung der äusserlichen Religionsgebräuchen, und einen kernhaften Beystand in tödlichen Krankheiten haben. Dieses sind beynahe die pfarramtliche Schuldigkeiten alle. Allein, wie

wie die Zahl der Menschen, der Pfarrkinder zunimmt, so sollten auch die Seelsorger vermehret werden. Und dieses geschiehet nicht. Warum? Weil man nicht ausfindig machen kann, woher ihnen das Einkommen, die Besoldungen geschöpft werden sollen. Die meisten Pfarren, in unserem wie in mehreren Ländern, haben kaum so viel, daß sie mit Wohlstand leben können. Der Landesfürst braucht alle seine Intraden. Und der Bauer muß ohnehin gar oft mehr geben als er erschwingen kann. Der Pfarrer kann sich also keinen geistlichen Gehülfen halten, der die Arbeit mit ihm theilet. Und wann er sich von seinem eigenen Munde so viel abbricht, daß er in kränklichen Umständen auf einige Zeit einen Cooperatorem oder Capellanen hält, so ist dieses ein junger noch unerfahrner Mensch, der alle Strike anspannet, um bald zu einer eigenen Versorgung zu gelangen. Man betrachte ihn wie man will, so ist er ein schlecht besoldeter Miethling, von dem man weder fordern noch erwarten kann, daß er diesen kleinen Wartdienst sich so sehr angelegen seyn lassen soll. Dieser Sache wollte ich nun dadurch abzuhelfen suchen; daß ich meine Anzahl wohldenkender, gesunder und dem Geist nach arbeitsamer Mönche zu Pfarramtsgehülfen, unter völliger Abhängigkeit des

Bis

Zwölfter Brief.

Bischofs und gehorsamer Folge der pfarramtlichen Befehlen, hinverwendete. Sie lachen, mein l. Herr Pfarrer; ich weiß, was Sie damit sagen wollen. Aber erinnern Sie sich, daß mein Hirngespinst nur ein Traum ist, und daß, wie ich schon oft gesagt, meine Mönche ganz umgeschaffen werden müssen.

Die Einwürfe, die mir ein Vernünftiger wachend machen wird, weiß ich schon. Erstlich wird es heißen: Ich spreche immer von Abstellung des mönchischen Aberglaubens, und Nebenlehren, die das reincatolische Christentum verunstalten; und nun wollte ich den Bok zum Gärtner machen. Man wird zweytens sagen: Von wem soll dann der cooperirende Mönch abhangen? Wer soll ihn zum Pfarramt zuschneiden, und zu einem rechtschaffenen Christentum geschikt machen? Der dritte wird mir entgegensezen: Wann der Pfarrer für sich nicht zu leben hat, wann der Fürst und der Bauer nichts geben kann, wann der Mönch nicht betteln und seinen kleinen geistlichen Kram nicht verhandlen darf, wer soll ihn dann ernähren?

Ich habe schon für die Beseitigung dieser scheinbaren Beschwerden gesorget. Denn fürs erste müssen Sie wissen, daß ich nicht mehr wie bisher

her einen jeden Buben von 17. Jahren, der gesund und stark ist, und weiter nichts als eine starke Dosin unverschämter Kühnheit statt des Berufs aufzuweisen hat, in meine Klöster aufnehmen, sondern, wie Sie gleich hören werden, *autore praetore* meine Recruten wähle. Sie sollen mir nach der Regul des H. Vaters für ihre Person zwar leben. Sie können nach Belieben zu einer Sekte mit oder ohne Bart, zum runden oder spizigen Capuz sich entschliessen. Ich benehme ihnen weder Geisel noch Fasten. Arm sollen sie auch seyn, aber betteln sollen sie nicht, weil ich für ihren Unterhalt sorge. Und wann ich solchergestalt ihnen die Ursachen des Bettlens benehme; den frommen Betrug, d. i. die Fortpflanzung des Aberglaubens durch Mährlein, und ihre geistliche kurze Waare scharf verbiete; dabey ein recht gut catolisches Gesezbuch für Lehre und Wandel durch einsichtliche Geistliche vorschreiben lasse, so wollte ich wetten, daß nach und nach meine' Mönche fromm, vernünftig und dem Staat nüzlich werden können und müssen.

Der zweyte Einwurf, von welchem der erste abhanget, kostet mich mehr Mühe. Es bleibet stets leichter, Zweifel vorbringen, als sie zu heben. Man bauet leichter ein ganz neues Haus, als das man ein altes auf allen Seiten baufälliges bau-

er-

erhaft zusammenstiket, und in wohnbaren Stand und Schein herstellt. Weil aber doch die Fundemente noch gut sind, ich auch noch viele Materialien brauchen kann, auch gerne das ursprüngliche Altertum verehre, so hören Sie meinen Traum weiter. Wir leben in Zeiten, wo man mit starken Schritten von dem Wahn zurük kömmt, daß die ganze Welt im Grund und Boden, nebst allem was körperlich heißt, unserm heiligsten Vater als ein erebtes Eigentum zugehöre. Ich habe zwar in dem Buch über die Bulle in Coena Domini, S. 35. I. Theil, eine Verzeichniß der päbstlichen Ansprüche gelesen, die recht seltsam lautet; und weil ich weder das Manuscript des Antonius Martellus, noch den Genebrard habe, so kann ich für dessen Richtigkeit weniger Gewähr leisten als vielleicht der Verfasser. Aber das freuete mich doch, daß weder Franken, Bayern, noch Schwaben auf der Liste stehen. Wir dürfen also wohl eine Schuldistinction machen, weilen doch die päbstliche Uebermacht durch eben dieses Mittel seine stärkste Beweise in jenen Zeiten erhalten hat, wo niemand als die Geistlichkeit das aequi und ergo verstunde; und da wollen wir unsere dem heiligsten Vater zugehörige Seelen schlafen lassen, und nur dem Leibe nach fortträumen.

P 2   Un-

Unser teutscher Fürst, denn ich rede nur von Einem, und die andern können, wenn es ihnen gefällt, es immerhin nachmachen, läßt sein Volk zählen. Er bestimmt durch seinen landesfürstlichen geistlichen Rath, nach dem Verhältniß seiner Ober- oder Vogtämter, die Anzahl Menschen, denen ein einziger Geistlicher wohl vorstehen kann.

Er läßt untersuchen, was und wie viel dieser jährlich und ständig Einkommen habe. Ich lasse keine bona laboriosa, Aecker, Weinberge, Zehnden und dergleichen zerstreuende Zankäpfel, die den Pfarrer mehr zum Bauern als Gelehrten machen, in meinem Pfarreinkommen; sondern ich vertheile alle Güter unter die Bauern gegen jährliche Gülten und Geldzinse. Finde ich, daß der Seelsorger für sich, aber ja nicht kümmerlich am Hungertuch nagen müsse, sondern recht honnet wie einer meiner weltlichen Räthe leben kann, so soll er mir so gut einen Caplan als seine Köchin halten. Hat er aber kaum für sich alleine genug, so gebe ich (denn jetzo bin ich der Herzog Michel, und rede als ein Landesfürst) ihm einen meiner wohl unterrichteten Mönchen zum Gehülfen. Damit ich aber diesen wohl unterrichteten Mönch bekomme, so mache ich es folgendergestalt: In mei-

Zwölfter Brief.

meinem Lande studiret jährlich eine gewisse Anzahl junger Leute die Theologie, in der Absicht geistlich zu werden. Wann ich die richtige Listen meiner Pfarreyen habe; wann ich weiß wie viel Seelen ich einem Pfarrer allein zu treuer Lehre und Besorgung geben soll; wann bestimmt ist, wie viel ich Capläne oder Cooperatoren brauche, und alsdann nach zwanzigjährigen Todten=Listen berechne, wie viel Seelsorger ein Jahr in das andere sterben, so lasse ich nicht mehrere geistlich studiren, als ich glaube nach und nach versorgen und in meinem Land gebrauchen zu können. Alle diese jungen Leute müssen mir auf meiner eigenen Universität, neben der gereinigten Philosophie, die griechische und hebräische Sprache, eine gesunde Kirchen= und Landeshistorie, eine brunnenlautere Theologie, wenig Speculatives aber viel Moral, keine Controvers und ein öconomisches Collegium hören. Wer dieses nicht eingehen will, den lasse ich nicht studiren, oder er bekömmt keine Pfarr. Alle Jahr sollen meine Commissarii, denen ich es nicht auf den geschwornen Eid, sondern auf die Cassation ankommen lasse, meine jungen Leute streng prüfen. Welche sich am besten anlassen, und das Zeugniß eines unsträflichen Wandels haben, die bekommen ein silbern und

der=

vergoldetes Gnadenzeichen, und damit die Anwart=
schaft auf den nächsten offenen Pfarrdienst. In
der andern Classe mache ich eine Untertheilung.
Aus dieser sollen die besten wieder mit einem sil=
bernen Pfenning zu Personaten, Frühmessern und
dergleichen, jedoch allemal als schuldige Beyhel=
fer der Pfarreyen quoad curam Hofnung haben.
Die andern aus dieser Ordnung müssen meine
Mendicantenklöster aufnehmen. Will aber einer
oder der anderer aus der ersten Classe auch in ein
solches Kloster gehen, so habe ich nichts darwie=
der. Die übrigen Ochsenköpfe, die nur studiren
um nicht mit den Händen zu arbeiten, die nur
Stolz und Faulheit, oder Hofnung des Wohlle=
bens zum schwarzen Rok oder zur Kutte greifen
macht, sollen verworfen, von fernern Studiis
ausgeschlossen, und zur Musquette, Handwerk,
oder hinter den Pflug gewiesen werden. Und da=
mit, wenn ich nur gelehrte und rechtschaffene Com=
missarien zur Prüfung auswähle, bekomme ich nach
und nach gewiß einen Clerum in mein Land, der
Gott und dem Staat wohlgefällig ist. Auf daß
aber auch meine neuaufgehende Pfarrer und übrige
Clerissey, meine Mendicanten nicht ausgeschlossen,
wenn sie wirklich Brod haben, nicht auf die fau=
le Seite oder Abwege sich lenken, so soll jeder

im

im Jahr über einige biblische Texte, die mein geistlicher Rath vorschreibt, oder über sonntägliche Episteln, Evangelien und andere Materien, sechs Predigten und nicht mehr ausarbeiten, und zwey Specimina in Dialogen und catechetischen Unterweisungen einschicken, und also der Prüfung unterwerfen. Das beste Hundert davon werde ich mit dem Namen der Verfasser drucken, und allen Pfarrern im Land austheilen lassen. Auch sollen sie in einem sehr wohlfeilen Preis dem gemeinen Mann zu seiner Erbauung in die Häuser geliefert werden. Sollten aller Vorsichtigkeit ungeachtet, sich dennoch einige schlechte Pfarrer in mein Land einschleichen, so müssen dieselben angehalten werden, diese Predigten auswendig zu lernen, und solche ihren Gemeinden vorzutragen. Da ich ohnehin nur alle vier Wochen höchstens einmal predigen liesse, und desto eifriger auf den Unterricht in den sogenannten Christenlehren hielte; wäre es keine so grosse Sache des Jahrs zwölf Predigten zu lernen. Dadurch würde ich viel gewinnen, daß nicht mehr so viel albernes und dumes Gewäsche aus dem Stegreif auf den Canzlen erschiene, der Unterthan und andere ehrliche Leute auf den guten Vortrag aufmerksam gemacht würden, und ich versichert bleiben könnte,

daß

daß eine reine Glaubenslehre und vernünftige Moral meinem Volk auf eine angenehme Weise vorgetragen, und endlich zu Fleisch und Blut würde. Wer drey Jahre nach einander die beste Arbeit einschikt, bekömmt die beste Pfarre so bald sie erledigel wird. Nichts als das Verdienst ist bey mir eine Empfehlung zu höhern und bessern Stellen. Meine helfende Mönche sollen nicht ganz leer ausgehen; es wäre unbillig. Ich mache aus ihnen Vorsteher der Klöster, Aufseher der Schulen, und was ich ihnen sonst Gutes thun kann, sollen sie haben. Nur müssen sie dem Land und der Religion nüzlich und keine Ausländer seyn.

Man könnte mir einwenden, ich wollte Pfarreyen und Beneficien vergeben, worüber ich das Jus patronatus nicht habe; und, da Gerechtigkeit meine Pflicht sey, so könnte ich keinem Collatorn seine freye Wahl benehmen. Ich antwort: Wann Gerechtigkeit meine Pflicht ist, so muß ich sie meinen Unterthanen, deren Anzahl unendlich grösser als der Patronen ist, vorzüglich auf eine Art beweisen, die das unschäzbare Heil der Seelen derselben in Sicherheit sezet. Hier also, Hr. Patrone, ist die Liste meiner tüchtigsten Leute, (Ausländer darf er mir gar keine nehmen) wählen Sie darunter, so erhalten Sie Ihr Recht, ich meinen Zweck, und mein geliebtes Volk die Beförderung seiner geistlichen Glückseligkeit. Mit meinen Mönchen mache ich es eben so. Und wenn ich sie *sine aggravio publici* ernähre, so werden sie mir schon auf meinen bittlichen Ernst den Gefallen erweisen, und den Rechtschaffensten unter Vielen befördern. Habe ich nicht in meinen Anstalten schon dafür gesorget, daß sie alle wakere Männer werden. Ich versperre ihnen auch den Wechsel von einem Kloster in das andere nicht. Aber doch mache ich dabey die Einschränkungen, daß sie nicht aus dem Lande hinaus in ein Kloster, und von dorther keinen herein nehmen dörfen; auch sollen sie mir keinen braven Mann, der gerne an dem Ort bleibt, auch Pfarrer und Gemeinde wohl mit ihm zufrieden ist, ohne Vorwissen meines geistlichen Raths, und auch dieser keinen ohne erhebliche Ursachen, hinwegzunehmen. Hernach wird es noch darauf ankommen, daß eine so geschikte Eintheilung getroffen werde, daß der Mönch von seinem Kloster nicht weit entfernt sey, damit er bey seinen Ordensfesten, geistlichen Exercitien und regulmäßigen Gelegenheiten zu Hause sein kann.

Nun auf den dritten Punkt mache ich meinen Kirchenschatz auf. Da finde ich Reichtümer ge=

234 Zwölfter Brief.

nug, um alle zu ernähren. Meine reiche Abtey-
en im Land, wo sechzig Männer wohl und besser
als ein Edelmann leben, die nur für ihre eigene
Seelen zu sorgen gewohnt sind, und mit dem er-
sparenden jährlichen Ueberschuß auf Gelegenheit
passen, bald da bald dort ein Stück Gut dem weltlichen Haufen abzukaufen, diese sind schon so mächtig, und für den Staat, der sie so reichlich ernähret, wohlgesinnet genug, daß sie zehn ihrer Patres
absterben lassen, und mir den für sie erforderlichen Unterhalt in einem gerechneten Quantum zum
Behuf meiner wakern Religiosen geben. (*) Denn
ursprünglich sind ihrer doch nur zwölf oder fünfzehn gewesen, und doch keine einzige Seele mehr
oder weniger in den Himmel gekommen.

(*) Ich begreife nicht, warum Hr. Gutmann der Äbte-
en in seinem Vorschlag so schonet. Wann in einer
der sechzig Patres leben, die eine gleiche Rechte an den
ernährende Kirchengüter haben, so müßten wir ein-
zehn Ausgestorbenen auch zehn Sechzigstheile des ge-
chen Einkommens geliefert werden. Sollten alsdann
nicht-Religiosen erhalten werden können; wenn
wäget, daß viele solche Abteyen fürstliche Revenüen
ben? Wollte aber auch dieß zu Ausführung meines
jetzt noch nicht hinreichen, so ließ ich mehreres müss-
ben. Es kann der christlichen Kirche einerley sey-
einer Abten fünfzig oder dreyßig Patres leben.

Zwölfter Brief.

Abbteyen ernähren mit also hundert meiner Pfarrgehülfen. Die viele Wallfahrten, die ich in meinem Land habe (ich möchte aber die auswärtige gar gerne wie die fremde Lotterien verbieten lassen, damit mir das Geld im Land bleibe) bekommen einen Haufen Opfer. Ihre Fabriken wachsen jährlich in Capitalien merklich an. Ich verlange nur fünf Procente davon zu meiner gottseligen Anstalt, der Fond kann immer der Wallfart bleiben. Oeffentliche Kirchenbussen, welche die Leute nicht bessern, und zu Kindermord Anlaß geben, wiedme ich meiner Mönchencasse. Alle Seel- und sonst aus Andacht verlangende Messen (nur die Zwing- und Bannmessen wollte ich mir abbitten,) bleiben auch den Klöstern zugedacht. Und dann lasse ich alljährlich auf den armen Seelentag eine Generalcollecte, aber freywillig, in allen meinen Kirchen auf dem Land und in den Städten, für meine heilsame Absicht vornehmen. Da habe ich gewiß zu vollem Unterhalt meiner klösterlichen Enthusiasten, meiner Schullehrer und Pfarrgehülfen, alles was ich bedarf. Dem Ueberschuß lege ich zu Capital. Wenn es nöthig wäre, so wollte ich noch eine Lotterie zu diesem Behuf aufrichten lassen. Die Zahl meiner Mönche ist ohnehin bis zur Billigkeit und Erforderniß geinindert.

dert. Die Religion hat den augenscheinlichsten Nutzen. Der Staat wird eines Ueberlastes befrevet. Der Eintritt zum geistlichen und Klosterstand bleibet dem Verdienst aller meiner fähigen Landeskinder offen. Mein Gewissen ist einer Sorge befrevet, die mich wegen dem Aber= und Irrglauben meines Volks sehr beunruhiget hat. — Und nun kann ich aufwachen; mein Traum ist zu Ende.

Ich weiß wol, daß noch eine Menge Vorbereitungen darzu gehören, daß man noch viel Schwierigkeiten und Steine in dem Weg finden wird. Aber nehmen Sie meine Gedanken nur als eine unausgetragene Hirnfrucht ein. Wenn der Einwurf niemals zu einer Reife gebracht werden sollte, so will ich schon Leute benennen, die diese Vorschläge gar bald in Ordnung gebracht und durchgesezt haben würden.

Ich habe einen Bischof, einen Staatsminister, und ein Halbduzend gelehrter catholischer Räthe, Proffessores und Leute, die in den vornehmsten Reichsdicasterien sizen. Ich möchte Sie gerne, mein l. Hr. Pfarrer, mit den vortreflichen Arbeiten dieser Männer bekannt machen, aber Sie dörfen

sen ohne Licenz nichts dergleichen lesen. Und
Gott wolle mich bewahren, daß ich Ihnen etwas
zumuthen sollte, welches Sie auch nur von weis
tem in Verdrüßlichkeiten stürzen könnte. Wann Sie
aber wollen, so getraue ich mir von Rom, wo um
Geld alles zu haben ist, Ihnen eine wohlcondi-
tionirte Erlaubniß kommen zu lassen. Dann stehen Febronii vier Theile; die nach und nach in
einem Churstaat ergangene Landesfürstliche
Verordnungen; von Ikstatts academische
Reden von dem Einfluß des Nationalfleis-
ses; Briefe eines Bayern über die Macht
der Kirche und des Pabsts; des verkappten
Lochsteins geschickte Ausgaben; Gedanken eines Geheimenraths; der Weise im Mond ꝛc.
zu Ihrem Befehl. Glauben Sie ja nicht, daß ich
Ihnen hier Bücher vorschlage, die von Uncatholi-
schen, folglich Glaubensfeinden geschrieben worden
wären. Es sind catholische Männer, die ich ihrer grossen Gaben und ihres Herzens wegen
verehret. Drey davon kenne ich von Person, und
ich darf sie unter meine Freunde zählen.

Die Absicht der sich noch täglich vermehren-
den Schriften von der Art ist keine andere, als uns
von der unthätigen Schlafsucht zu erwecken, in

wel-

Zwölfter Brief.

welcher wir uns durch die gothische Vorurtheile des mittlern unwissenden und barbarischen Zeitalters haben einwiegen lassen. Man möchte gerne das Stroh von den Körnern scheiden; die Heiligkeit unserer Religion, welche unter dem Haufen der Zusätze und Nebendinge mit einem fressenden Rost überzogen ist, wiederum scheuern, und ihr ihren alten Glanz wieder geben; die Gesetze der Kirche mit denen des Staats zu des Leibs und der Seele Wahlfahrt vereinigen; dem wahren Priestertum die Hände bieten, sein apostolisches Amt zum Seegen für Lehrende und Lernende auszuüben; zugleich aber auch unsern Mitbürgern, durch Beräunung des von unwissenden Mönchen in den eben so unwissenden Pöbel gepflanzten eigennützigen Aberglaubens, eine dem Worte Gottes und dem rechten Sinn der ursprünglichen Kirche angemessene vernünftige Denkungsart und Sittenlehre einprägen.

Es wurde ziemlich spät. Ich merkte, daß der ehrliche Gutmann in dem Eifer der ihn belebte seiner Ruhe vergaß, und anfieng mit Mühe zu reden. Ich bat ihn also, nach einer gebührenden Danksagung, mir zu erlauben, daß ich einiger Geschäfte wegen, die ich vorschützte, nach Hause gehen, und andern Tags wiederkommen dürfte. Meine Bescheidenheit gefiel ihm recht wohl; denn er sahe ein, daß ich ihn in keiner andern Absicht, als seiner zuschonen, verließ. Nun habe ich für dieses Mal damit genug. Nächstens die Folge. Lebe wohl.

Dreyzehnter Brief.

Den 3. Jun. 177o.

Ich weiß noch nicht, ob mir heute die Zeit erlauben wird, dir nach meiner Neigung einen langen Brief zu schreiben, und gleichwohl weiß ich auch nicht, wie ich mich von meinem Schreibtisch wegmachen soll, wenn ich einmal die Feder ergriffen habe, dir unsere Unterredungen abzuschreiben. Wenn mir der gnädige Herr Zeit läßt, der Morgen nach M** reiset, so sollst du viel erfahren. Die älteste Fräulein soll nach Johannis den Hrn. Hauptman von *** heyrathen. Meine l. Mutter muß die Reise mitmachen. Da habe ich also noch Abschied zu nehmen, packen zu helfen, und eine Menge Kleinigkeiten von ihr in mein Haus übertragen zu lassen. Doch ich will keinen

Dreyzehnter Brief.

Botengang versäumen, ohne dir wenigstens ein Stük meiner neuerworbenen Kenntniß mitzutheilen.

Herr Gutmann, bey welchen ich gestern meinen Abend mit abermaligem Vergnügen hingebracht, fangt nun erst recht an, mir seine Gedanken unverholen zu entdeken. Und eben gestern hat er mir versprochen, daß er, nach des gnädigen Herrns Abreise, so oft es seine Gesundheit zulassen wird, mir über eine Menge wichtiger Gegenstännd Wahrheiten erklären wolle.

Ich habe wirklich, sagte er, nach Rom geschrieben, um Ihnen eine Licenz zu Lesung der so nannten verbotenen Bücher kommen lassen. werden sehen, daß man ums Geld ohne ohne Prüfung oder Umsicht, gleich so einen derwisch erhalten kann. Allein, wenn wir den rechten und nützlichen Gebrauch davon machen len, so muß ich Ihnen vorläufig erklären diese Index sey, was darzu Anlaß gegeben die Censores sind, und wie dabey zu Werk gen werde? Sind wir damit fertig, so Sie den römischen Hof, die Intriguen, wo man daselbst den H. Geist an der Schnur läßt,

Dreyzehnter Brief.

läßt, auch näher kennen lernen. Es giebt sich hernach die schönste Gelegenheit, von der päbstlichen Unfehlbarkeit das weitere zu sprechen. Wir wollen ferner die Lehrsäze von der Kirchenzucht scheiden, und etwas von allgemeinen und Provinzialconcilien reden. Darauf müssen wir die Geschichte der Geistlichkeit in mehreres Licht sezen, und dabey sehen, was Tradition und H. Schrift für zwey besondere Schiksale gehabt. Es sollen hernach Betrachtungen folgen, über die gegen den ächten Sinn unsres Heilandes und seiner Apostel entspoffene Mißdeutungen. Bischöfliche und priesterliche Gewalt, Abartungen der Mönche, und dergleichen Betrachtungen mehr, sollen uns zu dem mannigfältigen Aberglauben, zu dem unnüzen Moos, durch welches die fruchtbare Pflanze des wahren Glaubens erstikt wurde, hinleiten. Andächtlereyen, eigennüziger Betrug und die übrige geheime Handwerksvortheile sollen von uns nicht überschlagen werden. Wir können die Art unserer geistlichen Studien, die absichtliche Untreue der Professoren, die Sophisterey unserer Lehrbücher, und hundert andere Mängel unserer entstalteten und nicht mehr kennbaren Religion mit durchgehen. Ich wette, mein l. Herr Pfarrer, Sie sollen bis auf den Herbst einen wahren catholischen

Q Lehr-

Lehrbegrif haben, und alsdann erst die Würde und Pflichten ihres Amts zu lieben, zu schäzen und auszuüben wissen. Ihrer Seele soll es Ruhe, Ihrem Verstand Erleichterung und Ihrer Gemeinde ein reines Christentum verschaffen. Ich habe dabey keine andere Absicht, als meine erlangte Kenntnisse und Erfahrung einem Mann mitzutheilen, an welchem ich die Grundlage eines redlichen Herzens nicht ohne Freude verspühre. Es wäre Schade, wenn ein so guter Aker ungepflügt wüst liegen bliebe, oder aus Mangel des guten Saamens nur durch das gewöhnliche Unkraut zur Haide werden sollte. Damit sie mich aber nicht für den *inimicus homo* halten *qui zizaniam unter* den Waizen einstreuet, so wollen wir unsere Waaren alle aus den rechten Behältnissen holen. Die Kirchengeschichte, die bewährteste gut catholische Schriftsteller sollen unser Leitfaden, und meine Erfahrung die Beyhülfe seyn. Wenn Sie zweiflen, so bitte ich mir Ihre Frage und Einwürfe aus; und wenn ich alsdann kein Genügen thun kann, so bin ich bereit so gleich meine Begriffe zu ändern. Ich habe ohnehin noch die von Ihnen aufgeschriebene Ausstellungen über mein catholisches Christentum zu beantworten. Wir wollen unsere Gedanken von Hexereyen, Gespenstern, Jubi-

Dreyzehnter Brief.

biläum, Abläſſen, Bruderſchaften und Wallfarten, in ſo weit ſie gewinnſüchtig und übertrieben ſind, zuſammentragen. Sie ſollen dabey ſehen, daß ich die Gränzen zwiſchen dem löblichen Gebrauch und ſchändlichen Mißbrauch nicht auſſer Augen ſeze.

Unſere Glaubensgegner haben in vielen einzelnen Fällen und Ländern gegründete Urſachen zu ſpotten, weil ſie vielleicht nur zu geneigt ſind, von einem Theil auf das Ganze zu ſchliessen. Es iſt auch nicht zu längnen, daß man viele vernünftige Veränderungen unter unſern catholiſchen Hauſen treffen könnte: Allein, welchem Pabſt iſt zuzumuthen, daß er z. B. das was der vergötterte dem Brevier einverleibte H. Gregorius VII. mit einer ſeligen Wuth herausgedonnert, nun als unrecht erklären ſoll? Ich finde den Weg und das politiſche Betragen, welches unſer jeziger H. Vater einſchlägt, als ein Muſter der feinen Staatskunſt. (*) Er läſt die aufwachende Fürſten gewähren, und ſiehet nicht, was er nicht ſehen will. Er iſt nachgiebig, weil er nicht mehr trozen kann, und der Donnerſtrahl nicht mehr zünden will. Geben

---

(*) Clemens XII. der Unvergeßliche und durch Bonzengift uns allzufrühe entriſſene Ganganelli.

Sie acht, Herr Pfarrer, damit gelanget er vielleichter zu dem gemäßigten Zwek als sein weinender und unbiegsamer Vorfahrer, der umsonst bis an sein Lebensende mit häufigen Tränen auf ein Wunderwerk gewartet, das seine Vicegottheit gegen die Verlezungen der Gewaltigen auf Erden beschüzen soll.

Gleich bey dem Antritt seiner Regierung war die Frage von der Wahl eines Staatssecretarii. Bisdaher hat man aus dem Cardinalscollegio arbeitsame, ernsthafte, der Geschäften und päbstlichen geheimen Absichten wohlkündige Männer darzu gewählet. Wann ich Ihnen einst von den Consistoriis, Congregationen und andern Stellen der römischen Curia reden werde, so sollen Sie sehen, wie diese Monarchie nicht so viel durch den H. Geist als durch alle seine Kunstgriffe des Verstandes und Wizes ausgesuchter Minister auf die höchste Stufe des Despotismus gestiegen ist. Allein der regierende Pabst, welcher zwar ein Kind des seraphischen Ordens, aber kein klein denkender Heuchler noch enthusiastischer Mönch ist, hat zu seinem Staatssecretario einen Cardinal gewählet, dem Gesundheit und Kräfte fehlen. Er war so redlich sich den Dienst zu verbitten, und bekanntte, daß eine solche Last seinen mürben Schultern zu schwer sey. Das hat nichts zu sagen, antwortete der Pabst; traget nur den Namen, genießet die Besoldung, und — seyd mein Freund: Die Arbeit soll euch nicht schwer fallen; denn ich will sie selbst thun; und ich versichere, daß ihr müßige Stunden genug haben werdet, eure Gesundheit zu pflegen, und sonst nach eurem Gefallen zu leben. Bis daher hat auch der heiligste Vater sein Wort gehalten. Er arbeitet mit einigen sich ausgesuchten vertrauten Männern seines Ordens unermüdet, aber in der Stille. Er weiß, daß das Geheimniß die Seele der Geschäften ist. Er läßt die Cardinäle sich wundern, klagen, und gegen diese Neuerung, die sie von Intriguen und eigenem Gewinn entfernet, sagen was sie wollen.

Es scheint, als wollte er geflissen nicht wahrnehmen, was die Könige, die Fürsten in ihren Ländern zur Staats- und Kirchenverbesserung vorkehren. Seine Einsicht lehret ihn, daß man mit der entdekten Unwahrheit der falschen Decretalen auch den Stuhl Petri untergraben, und daß damit gewissen Traditionen, der darauf gegründeten Hoheit, Großmacht und unterwürfigem Gehorsam die Stüzen gebrochen werden können. Er weiß, daß

die

die Grundsäze des dogmatischen Theils unserer Religion nicht angegriffen, sondern nur die Materien der Hierarchie und Disciplin auf bessere Wege geleitet werden wollen. Er hat den grossen Schritt gewagt, schon dieses Jahr die berühmte *Bullam in Cœna Domini* nicht mehr zu publiciren. Die feyerliche Verwahrung *de non præjudicando* seiner Nachfolger hat nichts zu bedeuten. Denn, wenn man einmal von dem majestätischen Stolz abläßt, und nicht ein ausserordentliches Wunder den jezt reifer gewordenen Geist der Menschen, eben so wie dort die Sprachen bey Babels Thurmbau, bis zum Unverstand verwirret, so darf sich niemand mehr für einer künftigen Wiederholung dieser sonst so fürchterlichen, und jezt   Bulle graue Haare wachsen lassen: Indessen ist doch dieser Entschluß des heil. Vaters eine Folge der feinen welschen Politik. Man kennet daran den auf einen demüthigen Ordenspater oculirten Weltmann Er siehet ein, daß man grosse Fürsten und Höfe nicht mit Gewalt und päbstl Soldaten, wol aber mit einer sanften Nachgiebigkeit zu Gegengefälligkeiten führen muß. Und wenn er so fortfährt einen Hof um den andern schmeichelnd beyzufangen; wenn er das Mittel findet nach und nach Mißhelligkeiten unter die Grossen auszustreuen, und wenn er endlich die

Das

Dreyzehnter Brief.

Gabe besitzet, mit Aufschub und schmeichlenden
Hofnungen Zeit zu gewinnen, so kömmt leicht ein
Zwischenauftritt, der die seiner Machtvermindes
rung gewiedmete Aufmerksamkeit auf einen andern
Gegenstand leitet, und ihm Luft macht. Ich mag
es ihm gerne gönnen.

Wenn ich Ihnen, Herr Pfarrer, einmal die ge=
heime Triebfedern unsers deutschen Reichssystems
ein wenig deutlich zu machen Gelegenheit finde, so
sollen Sie sehen, daß unter die Grundpfeiler des
jetzigen Gebäudes unumgänglich für den catholi=
schen Haufen ein Pabst, ein Vorsteher der Geist=
lichkeit, ein Band der Vereinigung, und ein —
obschon nicht allmächtiges Oberhaupt der Kir=
che, eben so wol als ein Kaiser, erfordert werden.
Es schlägt hiebey ein, was ich Ihnen mehrmalen
gesagt habe. Die Zeiten der ersten Kirche hatten
den Glauben, und durch ihn den Weg der Selig=
keit. Der Gesetze waren wenig. Viele Bruder=
liebe und wenig Macht. Mehr, als Christus
und seine Apostel gelehret, muß zur Se=
ligkeit nicht nöthig seyn; sonst wäre es für die
Urväter unserer Religion in den ersten Jahrhun=
derten übel gesagt. Wann dann auch schon die
Tradizion, die Concilien, in tausend Jahren, vie=
le

le Verzierungen und Gebote uns nachbefohlen, so können und sollen wir als gehorsame Kinder einer lieben Mutter gerne folgen, eben so wie wir den landesfürstlichen Gesezen der Provinz, die uns Schuz und Nahrung giebt, zu gehorchen verbunden sind. Allein, wenn uns unsere übergelehrte geistliche Gewissensbeherrscher Soto, Felinus, Bellarminus, Fagnanus, Diana ꝛc. sagen: *Quod lex pœnalis in temporalibus, non obliget in conscientia,* so wünschte ich nur, falls es ohne Excommunication so freundschaftlich geschehen könnte, daß wir ein vernünftiger Theolog, aber kein Wandel, kein Schulzen = Stoffel, kein — — — in Vertrauen mit Gründen, die dem gelehrten Verstand eines redlichen Mannes überzeugend eingehen müssen, zeigete, warum ich im Gewissen verbunden sey, den Poenalgesezen des Pabsts in ausserdogmatischen Disciplinsachen mehr als landesfürstliche Folge zu leisten. Denn, daß man den Prügel gleich zum Hund leget, und mich dem Satan zum neuen Jahre in Händen und Banden liefert, das heißt den Proceß von der Excommunication anfangen, und *petitionem principii* zum Entscheidungsgrund machen. Und dieses ist wahrhaftig keinem Dorfsgericht erlaubt. Ich will gerne nicht mit dem John des D. Schwisis in dem Mähergen

gen von der Tonne alle Stikereyen und Zusätze meines Kleids in der Wuth abzerren, und damit mein stoffenes Tuch in Stüken zerreissen; denn es gefällt mir selbst, wenn eine mäßige Verzierung, eine verschönernde Pracht beybehalten wird. Aber wann ich Fleken und Unrath sehe, womit mich Zeit und Mode befleket hat, so wünschte ich nur die Erlaubniß zu haben mit der Sammetbürste ganz sachte darüber zu fahren, und so viel es ohne Aufsehen geschehen kann durch den Schneider selbst es wieder gereiniget zu haben. Das ist gleichwol nur ein Wunsch, Herr Pfarrer. Ich bin, wie Sie, zum Gehorsam geboren, und wir wollen es unter unsere von Gott auferlegte Pflichten rechnen. Doch wird es hoffentlich keine Sünde seyn, wenn wir nach dem allgemeinen Gebet wider Pest, Hunger, Krieg, Hagel und Ungewitter auch zu Gott unsere gute Meinung richten, daß er die Gedanken unserer Bischöffe und catholischen Fürsten, samt deren Minister, ferner zum Besten der Religion und Wohlstand ihrer Länder lenken, und ihren löblichen Eifer nicht erkalten lassen wolle.

 Der Gelehrte, auch in dem grossen Buch der Welt nicht unbelesene gefürstete Abbt zu St. Blasien, Martinus Gerbert, dem Gott viele gute Stunden und Glück dafür verleihen wolle, hat in seinem Traktat de dierum festorum numero minuendo, celebritate amplianda meinen obigen Wunsch gerechtfertiget. Er sagt S. 2. „Alle „menschliche Geseze, welche sich mit dem gesell„schaftlichen Band und löblicher Ordnung beschäf„tigen, können nicht in allen Orten, zu allen „Zeiten und Umständen gleich seyn. Und dieser „Saz erstreket sich nicht allein auf den bürgerli„chen und weltlichen Staat, sondern auch auf die „Kirche; nicht zwar in jenen Dingen, welche von „Gott selbst eingesezt sind, sondern welche von „ihren Vorstehern erfunden und geboten worden. „Denn, wenn sie in ehmaligen Zeiten heilsam „und nüzlich gewesen, so hat es doch geschehen „können, daß sie nachher schädlich worden oder „wenigstens den ursprünglichen Nuzen nicht mehr „gewähren." Ich habe unterdessen schon oft den Worten dieses einsichtlichen und billigen Theologen nachgedacht, und gefunden, daß bey den mittlern Zeiten des Christentums viele heidnische, jüdische, römische und griechische Ceremonialstük mit in unsere Kirche übergetragen worden, weil man mit derley Kleinigkeiten, denen man einen mystischen Verstand geben konnte, den immer auf

das

Dreyzehnder Brief.

des äusserliche sehenden Pöbel benzuziehen hofte; eben wie die Jesuiten in China den Confucius in öffentlichen Umgängen gleich unsern Heiligen mittragen liessen, da sie sahen, daß die Chineser auf die Verdienste dieses Gesezgebers Vertrauen sezten, und ein solches Nachgeben eine wirksame Vorbereitung zu willigerer Aufnahme des Christenthums seyn würde: Allein, was bey der Jugend ein ergözendes Spielwerk und Raritätenkasten abgegeben, sollte nun bey der männlichen Reife unseres Verstandes nicht mehr zu einem unter zeitlicher und ewiger Strafe gebottenen Zwang uns aufgenöthiget werden. Dieses, Hr. Pfarrer, ist die eigentliche Ursache der Lauigkeit in dem Christenthum, und warum der grosse Haufen nur aus Noth oder Scham sich den vielfachen äusserlichen Kleinigkeiten unterwirft, und die wahren christlichen Tugenden am wenigsten ausübet. Wann er nur alle Sonn - und Feyertage seine Meß höret, auf die gewöhnliche gebottene Fasttäge das Fleischessen meidet, fleißig bey Processionen erscheint, und seinen Rosenkranz melket, Weihwasser im Haus hat, wallfahrtet, und den Mönchen opfert, so mag er übrigens die sieben Todsünden begehen so oft er will. Man siehet nicht auf den innern Werth des redlichen zur Gottesfurcht und Menschenliebe gebauten Herzens, wenn nur die aussere Deke glänzet und der Schnitt vergoldet ist. Da unsere lehrende Geistliche gröstentheils selbst übertünchte Grabmähler sind, die Hoffart, Herrschsucht. Eigennuz, Wollust und eine Menge lasterhafter Neigungen im Busen hegen, (denn der priesterlichen Weihung ungeachtet sind und bleiben sie doch Menschen) so heften sie die Religion um so lieber an die äusserliche Kleinigkeiten, als manchen sehr schwer fallen würde, wenn er seiner Gemeine den allein seligmachenden Grund des Glaubens erklären, oder nur zu dessen Bestärkung mehr als die sinnlosen Worte des Catechismus vortragen müßte.

Sie können dereinst, wenn wir von diesem Punkt reden werden, aus bewährten Büchern lesen, was das scholastische Gezänk, und die bald platonische bald aristotelische Spinnenfüsse für ein Gewirre gemacht, und, gleich leuchtenden Irrwischen, *ignibus fatuis* den nach dem Lande der Seligkeit reisenden Christen von der geraden Landstrasse in Sümpfe und steile Abgründe verführet haben. Wir Catholische sind es zwar nicht allein, die sich über solche Gebrechen zu beklagen haben; die von dem hallischen Professor Hausen

Dreyzehnter Brief.

sen Ao. 1767. geschriebene pragmatische Geschichte der Protestanten in Deutschland klaget mit bittern Vorwürfen über den nämlichen Unfug. Nur bleibet uns, als den erstgebohrnen Kindern des Christentums, leider ein merkliches voraus, mit welchem unsere Mönche unter päbstlicher Authorität wuchern, und, wenn man sie fort gewähren liesse, bald die buntschäkigte Harlekinsmaske fertig haben würden.

Ich rede gar nicht zu viel, und gewiß nicht uncatholisch. Die H. Väter, die Kirchenversammlungen sind in ältern Zeiten, in neuern aber ein Sarpi, Fleury, Baillet, Dupin, Muratori, Van Espen, Barthel, Zallwein, Meller, der gelehrte Febronius, die Bayerische Schriftsteller und andere Eiferer der Kirche und des Staats meine Gewährsmänner. Wenn ich Ihnen lauter geistliche Zeugen und Urtheilssprecher aufführe, so hoffe ich dem Verdacht auszuweichen, als ob ich weltlicher sündlicher Mensch, dem der H. Geist seine Einsprechungen nicht so wie den Kirchengliedern mitzutheilen sich anheischig gemacht hat, *instigante Diabolo* in das Eingeweide meiner seligmachenden Mutter kezermäßig wüthen wolle. Ich habe Augen und das göttli-

che

che Geschenk der Vernunft, auch eine bezahlte Erlaubniß verbottene Bücher zu lesen; da ist es mir unmöglich, ich kann mich nicht so beschwazen lassen, daß ich schwarz für weiß ansehe.

Doch man ist auf guten Weg. Nach und nach kann mein Wunsch erfüllet werden. Ich zwar glaube es nicht zu erleben. Aber ungefehr in zwanzig Jahren, erinnern Sie sich und prüfen Sie, ob ich einen prophetischen Geist gehabt habe. Wir haben einen Kaiser der denkt, und, was sie wohl merken müssen, mit eigenen klaren Augen siehet. Er hat ein von Vorurtheilen befreytes Ministerium, und bildet sich seine Nachzöglinge. Wir haben einen Pabst der nachgiebt, der den Stein, den er nicht heben kann, liegen läßt, ihn aber nicht mit Pulver sprengt, aus Furcht, es möchten einige Stüke davon auf ihn selbst zurükfliegen. Einsichtliche Erz- und Bischöffe haben bereits das Herz gefaßt, ihre eigene Macht zu üben. Mit Verminderung der Feyer- oder Faullenztäge geben sie den Beweis, daß sie arbeitsame Bienen lieben, und unnüze gefräßige Wespen hassen. Unsere weltliche Fürsten fangen an, wie die Franzosen sagen *à penser tout haut*, überlaut zu denken. Die Philosophie gewinnt

auf

Dreyzehnter Brief.

auf unſern Hohenſchulen beſſere Oberhand. Sie wird allgemeiner. Man unterſtehet ſich ſchon nach Urſachen zu fragen oder nachzuſinnen. Unſere Gelehrten errichten ihre Lehrgebäude nicht mehr, gleich Aeſops Vögeln, in die Luft. Die Altertümer werden aufgeſucht: Die Kritik forſchet nach dem unterſchobnen Betrug. Und wenn es ſo fortgehet, ſo — — — — aber meine Uhr ſchlägt Mitternacht! Ich wünſche Ihnen wohl zu ſchlaffen, Herr Pfarrer! Nächſtens das mehrere.

ENDE
des erſten Theils.

www.ingramcontent.com/pod-product-compliance
Lightning Source LLC
Chambersburg PA
CBHW032147230426
43672CB00011B/2480